Word-Wise Book

漢字の現在

リアルな文字生活と日本語

笹原宏之 著

三省堂

はじめに

漢字は中国の文字である。そして漢字は象形文字である。漢字は表意文字である。漢字は奥深く、記号とは違うものだ。ゆえに漢字は表現力に富む。漢字を使うと単語を強調して表現できる。

漢字に関する言説は、世上にかくのごとく、決まり文句やときに格言のようになって流布している。どれをとっても、その通りだと言えそうだが、実際に日本で使用されている一つ一つの漢字に、きちんと当てはまるものだろうか。漢字には多面性が付与されており、個々の例をよく観察したならば、すぐに疑問を差し挟まざるをえないものが目の前にあったことに気付くに違いない。

では、日本の漢字とは何なのか。一言で済むまとまった答えがすぐに浮かぶわけではない。それを知るために、まずは漢字を客体化し、対象として観察をしてみる。漢字は強大な力をもっているため、そこに巻き込まれては耽溺するばかりとなりかねない。他の文字とも相対化させてみる。それとともに、自身の記憶にある経験や意識について内省を試み、ときに他者にもそれらを尋ねてみる。研究は、苦心の連続であるが、そこには愉しみもあるのかもしれない。

日本語の表記の多様性は、世界に例を見ないものだが、そこにはいくつかの理由があるようだ。たとえば、「紫陽花」という表記は、漢字が単語を目立たせ、植物の美しいイメージを膨らませてくれて好きだ、という人がいる。一方で、その当て字のせいで、特定の色や花そのものなどにイメージが限定されて嫌だ、という人もまたいる。そして、ひらがなの「あじさい」には、カタツムリがついていそうだ、と連想を加えて讃える声も複数ある。一方では、外食の料理コースの名前のように感じられてしまう、とも聞く。さらに、カタカナの「アジサイ」は、まるで図鑑のようで、硬くて嫌いだとも言う。一方では、これこそ植物の名前らしくて最もふさわしいと褒めて語る人も確かにいる。これが日本人の現実である。表記の多様性がさらなる個々人の感性の多彩さを生み、それが人々の間で再生産され、さらに相互の感性と触れあい揺さぶりあっていくという循環をもたらしているのだ。

日本の文字には、それぞれに正誤、美醜、さらには良い悪い、硬い軟らかい、冷たい暖かい、好き嫌いといった意識や感覚が与えられることがある。それらの視覚情報と心理が意味と発音とをもつ語の表記ごとに、因子となって強弱を伴って作用する。表記体系の中で、いくつもの因子がせめぎあいながらいずれかの表記を支えているのである。個々の語の表記ごとに、個々人の心に何らかの理由があるようだ。複雑な状況から、俗解も当否は別として次々に生まれる。そういう心性が多彩であることを考慮せずに、理論的にのみ日本の文字・表記とは、と結論を構築していく手順も可能であり、体系や構造などを把握するうえで大きな意義があるが、それは人が生み出す実際の文字・表記を前にして用をなしにくいものとなりかねない。

本書は、三省堂のホームページにおいて連載した「漢字の現在」と題する記事をもとに編纂されたものである。単行本化するに当たって、内容にだいぶ手を加えた。文章にも大幅に加筆したほか、写真もいくらか入れ替えてみた。日々、漠然とあるいは個別に去来し、忙しさの中で消えていくようなことがらが、その定期的な執筆のお陰で対象化され、思索を連鎖させたり、考えをまとめたりするきっかけとなった。それらを記録することが習慣となり、目的意識が明確になることもあった。外出先でも、これは、という感受性がいくらかは高まったようにも思える。調べ、考える苦労や楽しみ、方策をあえて書き残してみた。どうやって細々とした調べごとをしたり文章を書いたりしているのか、ときに尋ねられることがある。その過程はさまざまであるのだが、机の上での呻吟だけではない。マニアックな愛玩にも、ただの苦しい実験にもなってはいけない。その経過や結果の一端が、形になりきれないものを含めて本書のあちこちに表れることであろう。

過去の漢字の状況を知ろうとすると、百年前、いや三十年前であっても意外と材料が少ない。人々の記憶はおろか、図書館にも博物館にも残らないままに、時の流れと人の営みの中ですぐに過去のものとして折り重ねられてしまうのが「現在」というものである。漢字の現在について、多少なりとも自己、そして自身の置かれた土地の言語の内と外から記述を残すことを通して、文字とことば、そしてそれの織りなす表記を生み出し、使いこなそうとしている人間というものについて、一緒に考えていってもらえるならば、この上ない幸いである。

はじめに 3

第一章 日本の漢字の現在 9

第二章　海外から見た／海外に見る漢字の現在

第四節　ベトナムから見た漢字の現在　178

第一章

日本の漢字の現在

第一節 字体・画数・筆順から見た漢字の現在

●「「宣」しくお願いします」

大学では、学生たちの肉筆を目にすることが多い。

とくに新規登録の受講者たちは、いろいろなことばで挨拶を丁寧に書いてきてくれるものだが、そこにしばしば付け加えられるのが「よろしくお願いします」というたぐいの常套句的な文言である。そこでは、「よろしく」という部分に漢字を交えた場合、半分以上の人たちが「宣しく」と手書きしてくるのである。少なくとも十人分の筆跡でほぼ連続してそうなっていたこともある。

「宣」は音読みが「セン」、「宜」は音読みが「ギ」であり、両者は字体がたまたま似ているが別々の漢字であり、いわば「他人の空似」である。常用漢字表では、それらの二字に対し、いずれにも訓読みを与えていない。つまり、「宣」の「のべる」はもちろん、「宜」の「よろ-しい・よろ-しく」も、表外訓なのである。そのため、学校の国語の授業で教わることも通常はなかろう。二〇一〇年の常用漢字表の改定でも、「よろしい」という訓について検討は経たものの追加されることはなかった。ただ、現実には様々なところで使われてもいるために、学生たちも目で何となく文字列を把握し、既知のなじんだ文字で記憶し、筆記しているのであろう。二つの字が混淆したような各種の字形も散見される。さらに「ギ」と読ませる場合でも「宣」と書いてしまうケースもある。「便宜」と「宣伝」とは別に、独特な混淆字体を用いる人もいた。

ここまでは、手書きで生み出される「宣しく」について述べてきた。「漢字の現在」をあえて斜めからも見ていくような本書であるが、現代の、いわば現在進行形の現象として、電子情報機器での状況に触れておきたい。

〝宣しく〟をGoogleで検索してみた結果、約六五、一〇〇件がヒットした（二〇〇九年十月十五日現在）。この表記へのメタレベルな指摘や言及も含まれてはいるが、文章中に普通に使用しているページが次々と出てくる。なお、ちょうど半年前に検索した時には（四月十五日）、約七、八三〇件と表示されていたのだが、これは何らかの原因で実際の使用が激増したということではなく、検索サイトの何かの事情で数値にこういう変化が現れたまでではなかろうか。

パソコン上の画面においては、小さなフォントでは互いに区別がしにくいこともあろう。入力された「宜」を見て、「宣」だと誤解したり、それによってさらに自己の理解字としたり、記憶を強化したりするといった循環も起こっていることが想像される。

「よろしく」という入力を経て、そこから仮名漢字変換をした結果だとすれば、変換辞書ソフトに何らかの不都合やミス（バグ）が生じているのであろう。あるいは、「よろしく」には現実に「宣しく」と書くことも多いから、と変換候補に意図的に潜り込ませているものも出てきかねない状況はあるのだが、今のところ、この語に関してはそうではないようだ。あるいは、手書きパッドのたぐいで入力されたページもあるのではなかろうか。OCRを介しての誤入力も個々の事情から含まれている可能性もある。とある電子辞書版の和仏辞典では「宣しい」と出る、と学生が見せてくれた（一方、「よろしく」は「宜しく」）。OCRで紙面を読みこんだ誤入力が残っているのだろうか。また、「よろしく」と打って、変換してみて、「何で私のパソコンでは「宜しく」なんていうおかしなのしか出なくて、「宣しく」とちゃんと変換してくれないのだろう」と、かつてWEB上の掲示板ではやった「ふいんき↑なぜか変換できない」と同様に疑問を持つ者も、種々の類例からみて、なくはなさそうだ。

パソコンに限らず、携帯電話であっても、手書きでは書けなかった漢字が入力されることがある。十年ほど前になるが、手書きでやはり「宣しく」と間違って書いていた人が、メールでは「宜しく」と送信していた。これは、「よろしく」で入力した結果だという。また、別の人は、メールに、「宜しく」ではなく「宣しく」と打ってきた。これについても尋ねてみたら、「字数の制限があり、かつ「よろしく」では変換されないので、「宣」を「せん」で入力した」とのことだった。以前のショートメールでの話だ。そして、「「宣」は中学で同級生の名前にあったので、印象深いが、「宜」はめったに使わない」とのことであった。これは、単漢字しか変換できない当時の機種では起こりやすかった誤入力である。実際に、かつてはそういうレベルのメール機能しかもたない携帯電話が市場に出回っていた。

こういう実例から、「せんでん」でわざわざ「宣伝」と出してから「伝」を消すなんて人もいるのではないか、もしかしたら、「よろしく」で出てくる「宜しく」をわざわざ直す人や、「宣しく」と単語登録している人までいるのではなかろうか、とも思えてくる。

「宜しく」という表記は目にしても、しっかりと習うことがない。むしろ暴走族風の不良（っぽさ）を演出する「役割表記」としての「夜露死苦」は表内音訓でできている。「宜しく」は、きちんと習わないために、かえって「大人の書き方」というふうに感じる。うろ覚えのまま、よく使う「宣」かなと印象に残り、ついに自分の手書きで使ってしまう。そういう習得から使用に及ぶケースが多いのではないか。

仮名漢字変換の出現と急速な普及によって、同音語の誤入力が増えた一方で、この類の「誤字」は一般に消え去ったとの言説もあるが、人の実際の書記行動は、個人の経験やイメージだけで一括することはこのように困難である。

現代の日本人でも、平仮名書きよりも漢字で書かれたもののほうが、正式な感じがする、という意識が色々なところで残っているように思える。手書きでは、複雑な漢字で記した方が丁寧に感じられる、という意識も介在する。「よろしく」と「宣言する」、というような俗解が、その背景には重なっている可能性もある。

かつての活版印刷でも、著者などの原稿の手書きの筆跡が編集者、校正者、文選工、植字工などの手を経ても、彼らの目をかいくぐり、そのまま活字となって「宣しく」となる誤植はあった。原稿は正しくとも途中で誤るケースもあった。また、JIS漢字の出典と用法などについて調査をするために、『国土行政区画総覧』を通覧していたときには、「萱《かや》」（草冠に宣）という字が「萓」（草冠に宜）と活字で印刷されている小地名にたびたび遭遇した。後者はその存在によってJIS第2水準に採用されていたのだった。以前より、「宣」「宜」の両字は混同されることがあった。手書きと活字と電子機器とで、現れる現象は同一であっても、その原因、さらに産出のプロセスに変化が生じていると考えられる。

こうした類形異字同士のいわば通用は、歴史上しばしば見られたが（「巳」「己」「已」など。120ページ参照）、同音異字の間に発生する通用とは異なり、なかなか公認されるまでには至らないものである。

●——正月の「寿」

日本は四季の変化に富む。折々に行事も各種行われ、時節ごとに目に触れる漢字にも特色がある。正月になると、接触する、つまり私たちが目にする頻度が急激に高まるのが、「寿」という字である。「ことぶき」「ジュ」など、その読みは熟語や場面、さらに人によっても様々だろうが、めでたい意味には変わりがない。

年賀状、お飾り、商店の貼り紙などで見かける「寿」には、「壽」という旧字体も目にするであろう。「壽」の草書体に基づく新しい「寿」よりも、「壽」

扇に「寿」の字

という旧字体の方に、より伝統を感じる、という向きも多いようだ。「昔の人は難しい字をよく知っていた」、などといわれるが、覚えるためには「士《さむらい》のフエは一吋《いちインチ》」などと、字を形でバラバラにし、訓やカタカナなども利用した、日本独特の方法が流布していた。ヤード・ポンド法の「吋」が、別の字を覚えるための要素になっていたこと自体が隔世の感がある。

正月料理にも「壽」の字は見受けられる。*1 赤い和菓子に白字で書かれたものや、料理の上にプラスチック製の「壽」という字が刺さっていることもある。それをヒョイと取り除いて、綺麗な料理を食べるのが小さいころからの習慣だった。

この「寿」と「壽」のほかに、中間部分の「工」の辺りが「中」のようになった異体字「壽」も結構使われている。これは、筆運びを自然にし、字画を省き、形も整えるために生まれたもので、聖徳太子が書いたとも伝えられる『法華義疏』にも記されていた。この字体は正しくないと思われがちだが、「壽」も実は篆書体とは相当かけ離れた字体である。「百寿図」のたぐいが作られるほど、バリエーションの多い字であった。

この「寿」は、「ひさ-し」（ひさしい）という訓の中でも、特に「命（寿命）が長い」という意味を持つため、一字で「いのちなが-し」と読まれることがある。孔子のことばの「仁者は寿《いのちなが》し」など、漢文訓読の際だけでなく、俳句を詠む時などでも一般性を帯びた訓読みである。しかし、「いのちながし」という訓は、漢和辞典には収められていないことが多い。この「いのちながし」は、『大言海』などは立項していたが、『日本国語大辞典』には見出しとして立てられていないなど、国語辞典にも単語として収められることが稀なようで、和語としては一語といえるのかどうか、微妙なところである。

和語の一単語と、漢字の一字というそれぞれの単位が一致しないことは、むろん珍しくはない。ただ、漢字一字に対して和語が二語以上となると、「ことほぐ」（寿ぐ：言祝ぐ）、「こころよい」（快い：心良い）のように、通常はそれを一単語と認定するようになる。そうでない場合は、「駯」で「くちのくろいうま」（口の黒い馬）のように意味を説明するフレーズとなる。「いのちながし」は、そういう例に入らない稀少例の一つといえる。

＊1：「寿」の字を用いた「寿司」については、小文（http://www.waseda.jp/jp/opinion/2006/opinion221.html）を参照していただければ幸いである。

●——西向く「士《さむらい》」

ほぼ四年に一度、二月が二十九日まである「閏年《うるうどし》」が訪れる。この閏年は、旧暦の「閏月」、現代の「閏秒」と揃《そろ》えて表現するならば、「閏日」がある年となる。

「閏」という字は、「門」の中に「王」がいる、形が似ているが「壬」ではないと、子供のころ読んでいた学研の雑誌の付録に、王様の絵とともに書かれていたのを思い出す。『三省堂国語辞典』でもかつてその「閏」を掲げていたことがあった。現実にその字が使われることが少なかったことを反映したものと考えられる。ＪＩＳ漢字の第2水準には、「王」が「玉」になった「閠」という異体字も収められている。

漢代に許慎が編纂した字書、『説文解字《せつもんかいじ》』などに拠《よ》れば、古代中国では、太陰暦のために閏月が生じると、王は「門」中にいる習わしがあったのだという。日本での「うるう」は、その「閏」に「さんずい」が付いた「潤う」から付けられた訓と言われる。誤って付けられた訓だという説もあるが、「うるおう」という語義自体によって余るという意味になった、とも説かれる。

現在では、二月は閏年でなければ、そもそも二十八日までしかない。これは、中国ではなく西洋で定められた太陽暦によるもので、一か月の長さがまちまちとなっている。一か月の長さが三十一日に満たない月を古くから「小《しょう》の月」と呼ぶ。江戸時代の暦には、それを様々に示す工夫が見られた。

子供のころ、それがいつなのかについて、兄から「にしむくさむらい」と覚えるんだ、と教わった。流布している記憶法のようだ。2月《に》、4月《し》、6月《む》、9月《く》までは語呂合わせですぐに理解できたが、「さむらい」は「?」となる。11を漢数字で書けば「十一」で、それを縦にくっつけると「士」だと聞いて、「あぁ」と感心した。しかし、特に漢字が得意ではなかった子供のころ、「さむらい? あれ、そうだったかな、でも「武士」ともいうから……、なるほど」と何とか理解できたが、「侍」という字もあるためか解せない思いが残った。

「士」という漢字を「さむらい」と訓読みすること自体は、「侍」とともに中世より行われてきたことであった。意味も、「士」には「仕える者」(「仕」は「人偏」に「士」)や「専門の道芸を習得した者」といった意味があり、日本では「武士」の「士」や「士農工商」の「士」と、仕える相手も親王、公卿《くぎょう》などから、次第に武家である人びとへと変わっていった。発音も、「さぶら(候・侍)ふ」から、「さぶらひ」「さぶらい」、そして「さむらい」へと変化した語であったことは間違いない。

閏年よりもスケールの小さな「閏秒」は、テレビなどでもときどき話題とされる。それが必要とされる原因は、原子時計と地球の現実の自転との間で、時間に差が生じることだそうだ。

実は、地球の自転や公転というものも、不安定なところがあるとのことだ。たとえば春分の日・秋分の日の日付については、「地球の運行状態は常に変化している」ために未確定だと国立天文台も述べている。[*1] 当たり前のことだが、天体の運行の中に、私たちのすべての暮らしは置かれているわけであって、それは改めて思えば畏るべき驚異であり、甚だしく神秘的である。宇宙空間での「王」も「士」も関係ない星々の劇的なダイナミズムを思い描く時間は、瑣事《さじ》に追われる日々だからこそ、持っていたいものだ。

*1:http://www.nao.ac.jp/QA/faq/a0301.htmlより。国立天文台が次の年の「暦要項《れきようこう》」を公表することで、春分の日と秋分の日の日付が正式に確定する。

脳内辞書と電子辞書

近頃の学生は身軽のようだ。講義に辞書を持参しようとすれば、学内にロッカーがあったとしても、「紙の辞書」（辞典）はかさばるし、携行するには重たい。そういう理由もあって、持ち運びに便利で、手軽に種々の検索までできる「電子辞書」が、受講中にも大活躍している。

分からないこと、不確かなことを辞書で確認する習慣は、とても望ましいことだ。しかし、その電子辞書には、紙の辞書とは異なる落とし穴も存在している。

これを言うと学生たちは「そんなバカな」というかのように驚くのだが、画面に表示される漢字の字体が紙の辞書のそれと異なることがあるのだ。たとえば、「つかむ」という語の表記を表示させてみると「掴む」と出る機種がある。同じ書名の紙の辞書では「摑む」となっているものだ。

これは、ＪＩＳ漢字の第１水準の字体がそのように類推しやすく簡略化されているためである。容量の制約から、外字をなるべく作字せずに、ＪＩＳ第２水準までにある漢字で済ませようとした電子辞書には、こうした紙の辞書とは異なる字体が表示されることがある。これは、マニュアルには書いてあることなのであろうが、そこまで読む人は稀のようである。

憂

01

電子辞書の字体には、さらなる陥穽《かんせい》がある。それは、画面上で、文字の点画が間引きされることがあるということだ。これも、点画が複雑な文字、つまり漢字に主に起こることである。画面の解像度が低く、画面を構成する「点」の数、つまりドット数が少ないために、点画を完全に示そうとして、表示される字体に影響が生じてしまうのだ。

自分が知らない字、うろ覚えの字である場合には、画面に出た字体を忠実に写そうとして、おかしな字体を認識し、漢字を写し損ねてしまうケースが現れている。携帯電話も、変換辞書を備えているため、一種の電子辞書とみなしうる。それを辞書代わりに使う人々の間では、「薔薇」や「麵」といった漢字を画面に表示させ、それを凝視し、紙面に転記して、新奇な字体を生じさせるケースが少なくない。こうした電子辞書の類から倉卒の間に引き写しをした場合、手書き文字としてはあまりに不自然な字体から、「カンニング」だったと判明するようなことさえもある。

そして、先日、危うい場面に遭遇した。一人の学生が「鬱」という漢字の字体を確認しようとして、「憂鬱」と打ってみた。すると、「憂」が電子辞書の画面に「憂」（⊕01）と表示された。

「私は今までずっと「憂」だと思っていました。「やさしい」も「優」で書いてましたが、「やさしい」の漢字も「優」になっていて、びっくりしました。私は今までずっとまちがった漢字を使っていたみたいです……」

翌週に慌てて教場で解説を加えたが、その学生は、各自の脳内に構築されている文字意識を再度、「上書き」してくれたであろうか。実はこうした誤解は、さほど珍しいことではなくなっている。

私たちの脳内には、日々更新される「辞書」、つまり認知心理学などで言う脳内辞書（心的辞書）が存在している。そこに、ことばや文字に関する様々な知識も格納されている。これは、現実の生活に即応し、日々更新される柔軟なものだ。しかし、私たちは活字に対する絶対的な信頼感を抱きがちである。活字には間違えがないという意識であり、これはなかなか根強く、極論すれば信仰とまで呼べる面さえもある。電子辞書の表示するフォントに対しても、それはかなり受け継がれているようだ。

頭の中に、本来の字体が確固としてあれば、画面に表示された間引き字体も、本来の字体として見なせるものである。ある程度崩れた発音でもきちんと語形を認識できることと似ている。むしろ、間引きに気づかないでいられるほど、上手にデザインされたドット文字も見受けられる。Wordも一太郎も、また多くのメールソフトも、実際には、かなり点画を間引きした文字を画面上に表示しているのだ。

構築してきた脳内辞書の字体は、先の「憂」の例のように、電子辞書の画面にサッと現れた字体をパッと見て、屈してしまうことがあるのだ。それによって記憶内容が変更されてしまうほど脆い面がある。電子辞書には画面の文字を拡大するなど有用な機能も準備されており、それを活用するなど、誤解が生じないように利用者は努める必要がある。便利な道具は、メディアによる文字の特性をきちんと理解し、常にそれを意識した上で用いていかないと、このような危険が常に身辺に待ちかまえているのである。

「口」の形

どのくらい前からのことだろう、「口」の形が気になっている。

もちろん誰かの唇ということではなく、「口」という漢字の形についてである。それは、甲骨文字のサイと読まれるともいうことでもなく、筆跡によって書き手の性格が分かるらしいということでもない。若年層によって手で書かれた筆跡を見るにつけ、これは……と思ってしまうのである。

毎年、社会人や学生が手で書いた文字を読んでいる。千人以上の直筆である。文章の内容を読み取ると同時に、その表記や漢字の用法、字形なども気に掛かる。彼らのワープロやメールでの文章との差異も様々なレベルで看て取れる。そうして見出せた「動き」は、フィードバックして当人たちと一緒に考えてみるように努めているが、その動向は多彩すぎてなかなか追いつけない。

さて、手書きの文字には、点画を記す順番として「筆順」というものが存在する。書き順と呼ばれるようになってきたそれは、手書きでは必ずある線条性をもって生じるものであり、それについては絶対にして唯一の規則があると一般に信じられている。しかし、文部省（文部科学省）からは、「筆順指導の手びき」という各説を折衷した非常に緩やかな指導法が、半世紀も前に一旦示されたくらいで、それも失効しており、現在に至るまで日本では国家が示す基準は存在していない。漢字にはいくつもの「神話」があるが、この筆順信仰もその一つであろう。

筆順は、歴史を遡ると、甲骨文字の時代には確固たるものがなかったようだ。何字分かの横線だけを先に刻んだままの例からもうかがえる。それは、楷書や行書などが形成された頃、右ききの人が点画を「正しく」、形を「美しく」整えつつ、腕・手・指に「無理なく」書けるようにと、自然に一定の流れが生まれていったことによるものだった。規範や美への指向性とは別に、書字の運動として見れば、筆順は概して経済的なものであったといえる。行書のように速く書く場合と筆順を一致させようとすることもあった。ただし、まとまった画数をもつ個々の字においては、筆順が厳密に確定することはなかった（中国では現在、国家によって規定がなされているが、「必」「右」など日本の「手びき」とは異なるものも多い）。

無論、書道（中国では「書法」と呼ぶ）の流派によっては個々の字の筆順が固定を見たこともあったが、実用、教育、芸術、学術など文字を書く目的によっても、それは揺れ動いた。例えば、中国の明代の規範的な字書『字彙』に「運筆」として示された「川」の筆順は、中央の縦線から書くとされているなど、現在の日常では受け容れにくいものも見うけられる。

筆順が自分の習って覚えたものと違っている人を見付けると、その人の人格までも疑う、という話をよく聞く。なるほど支離滅裂な筆順は、「教養」の欠落を感じさせかねない。しかし、それだけを根拠にそのような判断を下す人のほうが、その人から本来得られるであろう何かを失ってしまう、そういう可能性もある。

学生が板書をしたり、ノートを取ったりする際に、「口」を「|」の後に「コ」と書くのだが、その「コ」の筆順が変わってきた。「コ」を一筆で書き上げることが少なくないのだ。とりわけ女子にその傾向が強いよ

うに感じられる。これが、字を書く過程だけのことならば、もしかしたら咎《とが》めることはないのだろう。しかし、書き上がった形が違和感をもたらしうるものとなっているため、近頃気にかかっているのである。書かれた字から筆順を当ててみると、「何で分かるんですか？」と驚かれる。できあがった形にそれが反映するから気付くわけで、つまり、伝統的に用いられてきた筆順を用いて書くと、もっともらしい楷書の形に書ける、という傾向はあるようだ。

伝統的な筆法では、漢字に「冂」のように「はね」まではあったが、そのまま左へと伸びていき、左の縦線まで達する書き方は通常行われなかった。[*1] そうした、楷書ではほとんどなかった筆法は、「己」（120ページ参照）にさらに顕著である。その漢字から生まれたカタカナの「コ」がやはり一筆で書かれるばかりか、数字の「5」を左右逆にしたように書かれることが増えている。きちんとした書きぶりの字が求められるような重要な場面でも、そうした変わった「己」の姿が書き癖となっていて現れるのだ。

そのような新たな「筆法」は「凸」「凹」の字に極まる。これらは昔から色々な筆順で書かれたものだったが、ことに昨今、左上辺りから融通無碍に曲折しグルリと一筆書きされることが多く行われている。筆法の大原則である「左から右へ」はおろか、「上から下へ」ということさえも打ち破る。その結果、楷書としてはありえなかったモコモコな形状、漢字らしからぬクニャクニャとした結構に仕上がるのである。留学中の台湾人学生にも三画で書く者があったが、形はわりとカクカクとしていた。

こうした筆順は、毛筆では起こりにくく、硬筆らしい筆順ともいえそうだ。作家が原稿用紙にペンで速書きした字や、かつての丸文字などにもこうした傾向は現れていた。これらの筆法の流行によって、漢字の画数の数え方にも影響が出てきた。画数が分かりにくくなってきているようなのだ。三画であるはずの「己」を二画、漢和辞典などでは五画とされている「凸」「凹」を、一筆書きしたりしながらも三画から最大で八画（凸と凹とで違う画数と意識する者もある）などと数える人が現れている。さらに「叵」などと字体を誤る人もいる。

筆順の指導は、現状では基準も明確でないためか、国語の時間に受けた記憶がない、とも聞く。小学校では、初めは個々の字についても指導がなされているようだ。せめて先の大原則と、それに従わないと字形が古くには見られない不自然なものとなることだけは、生徒たちに早めに浸透させておくと良いのであろう。

＊1：漢字にも、ごく例外的に、下から上へ引く「丨」や、「淵」の中の「亅」（Lを左右逆にした形）を一筆で記す（べきとされる）ようなこともあった。

画数の多い漢字による表現

「最も画数の多い漢字は何か」。巷間《こうかん》、問われることの多い命題に関して考えてみよう。先に上梓《じょうし》した『当て字・当て読み 漢字表現辞典』には、当て字に限定せず、漢字のこれは、という表現を意識的に盛り込んでみた。漢字表現の広がりを押さえ、かつそこから当て字の位置を確かめるためであった。その一つとして、画数の多い漢字を記録しておこうという方針があった。画数は、少ない方は一画と限りがある。スペースに何らかの読みを与えれば、〇画の字という表現もできないことはないが、マイナスになることは現実の文字にはない。

一方、画数が多い字はどうだろう。これは、漢字が開いた集合であるため、途方もないことになりかねない。思いつきのたぐいの遊びの造字はここでは別としよう。今度の改定によって、「常用漢字表」に加わったことで注目を浴びた「鬱」は、当て字（熟字訓の類を含む）にも使われてきた。中国の簡体字では、中国語で発音が等しい「郁《イク》」(yu^{4}) で代用することになって久しい。日本人がこの「鬱」という字を書くと、日本人が作った字なのかと驚かれるほどである。

チューリップには「鬱金香」が当てられていた。イメージが合わないことは「鬱金」にもいえ、昨今では飲料などで「ウコン」や「うこん」と書かれることが増え、当初は読み誤りを誘発して違和感を覚えたものだが、すっかり定着したようだ。

「鬱悒し」で「いぶせし」は、辞書の見出しによく見る。気分が晴れず鬱陶しいことなので、用いられたのであろう。「鬱陶」で「ものおもい」というものも熟字訓であった。

応用は続く。陶然とする意の「うっとりする」までが「鬱とりする」「鬱っとりする」と書かれることがある。「俯く」が「鬱向く」と歌詞やWEBなどで書かれるのは、語源解釈自体が変わってきたためであろうか。「美しい」が「鬱苦死い」と書かれるのは、もはや別語となるようだ。甚だしくは、飲料のTVCMで、ヤンキー風の先生が「トロピカルフルーツ」を板書する際に「吐露非狩古鬱」と書くシーンがあった。暴走族式のおどろおどろしい、禍々《まがまが》しさの漂う当て字の産出である。使用者の属性を醸し出す役割語ならぬ役割字、役割表記といえようか。

近年、「うざい」という若者に広まった関東発のことばには「鬱陶い」が当てられたこともある。語義だけではなく、頭音「う」の一致や、関西の「うっとい」の漢字表記「鬱陶い」も影響したものだろうか。「憂鬱」で「ブルー」、「鬱憂症」で「メランコリア」など、英語などからの外来語にも適用されている。このルビの振られた箇所によってそのイメージが明確になったり、重層的に感じられたりもするのであろう。

「鬱」の字が持つ表現力の高さは、さまざまな派生をもたらす。織田哲郎&大黒摩季の「憂鬱《じょうねつ》は眠らない」（一九九三）という曲名は、異なる意味を持つ別の熟語で読むという技法が利用されている。

WEBで、間違った書き込みをしてしまった時に軽く使われる「鬱だ。死のう」への漢字変換を経た当て字には、「鬱だ汁濃」などのほかに、「打つだ氏脳」という本来の「鬱」の回避も見られる。JISの実は第1水準にある俗字「欝」は、一九七八年当初の字体「欝」ですでに辞書にあったわけだし、中世の一部の人々が書いた「林四郎」を縦に連ねた異体字「⿱四郎」や、江戸時代に蘭学者ほかの人々が書いていた十画台の略字「⿱四寸」など、その字体は簡便なものが求められた結果、各種生じていた。

「ウツ」を縦に「⿱ウツ」と書いたら良いのではないか、と女子学生からは妙案も出た。これらは面白がられるが、あの「ウツ」の雰囲気が失われるなどといって、イメージ重視の日本人からは好まれない。医学用語では「躁鬱」は「躁うつ」と表記しているが、「躁」は表外字のままで、「鬱」が逆に表内字となったため、どのように対応するのであろう、あるいは対応しないのであろうか。これについては、日本医学会で用語や文字・表記を真摯に検討されてきた開原成允氏も気にされていただけに、先頃、急に世を去られたことが残念でならない。

三十画前後の字は、当て字のたぐいに限ってさえも、ほかにも見られるのだが、続けて六十画以上の字に関して述べていこう。

六十四画の漢字による当て字

一般に関心をもたれがちなことなので、六十画台の字について述べておこう。中国では、辞書に「龍」を四つ書く字「𪚥」(02)と「興」を四つ書く字「𠔻」(03)とがある。いずれも六十四画に達し、印象に刻まれやすい字であるが、どこか様になっている。とくに「龍」は、一字だけでも字体、字音、字義にインパクトがあるようで、それが四つも重ねられた字は、「奥深い」漢字の世界の最多画数の座を飾るにふさわしく、漢字の蘊奥《うんのう》を感じ取る素材として十分な存在となっているようだ。

龍龍
龍龍

02

前者は、テツ・テチという音読みで、多言、つまりよくしゃべる、おしゃべりというような意外な意味で、かつては、かの『ギネスブック』にも掲載されていた。後者は、セイという音読みしか伝わっておらず、字義は「政」という字音がほのめかしているようだが、明確ではない。

前者は、中国の古い道教の書籍にそれらしい使用例を見たが、もとより文脈がとれるような文章ではなく、中国古典で実際の言語を表そうとした使用例は見出しがたい。ただ、人名としては、この字が使用されることがある。辞書に載るということは、そうした応用を生む契機ともなるのである。以前に小著『日本の漢字』（岩波新書）に示した幕末の例のほかにも複数の例が存在し、また台湾では「⿱龍⿰⿳龍龍⿱龍龍⿳龍龍⿱龍龍」さんという若者がいる、と報道されたことがあるそうだ。これは、十六画×九回で、百四十画を優に超える人名だ。

ともあれ、このインパクトのある字の由来を考えておこう。まず、「龘《トウ》」と「龍」を二つ並べて二匹の龍が飛ぶ様を表す字があり、それを声符とした「⿱龖言」（04）が作られた。これがさらに「龍」ばかりが増殖し、「言」を飲みこみ同化して生じた字だと考えられる。

これと「興」四つは、なぜちょうど六十四画という数字で頭打ちになっているのだろうか。実はもう一つ、説明の難しいほど様々な字を寄せ集めてできた六十四画の字も見つかっている（次項参照）。また五十画台の字がほとんどない割に、なぜ六十四画の字ばかりが三つもあるのだろう。かつて古書の記述を調べたり、あれこれと考えたりした結果、中国で古くから根強く存在する六十四卦の思想を元に、漢字でも最小の「一」画があるので、最大の「六十四」という画数を押さえて、両端を埋める必要が意識されるようになり、作成されたものではないかと、書いてみたことがある。

『当て字・当て読み 漢字表現辞典』（三省堂）には、耳に入りやすく記憶に残りやすい「鬱」（前項参照）や「龍」四つの「𪚥」が漢和辞典に収められていたことばかりが喧伝される画数にまつわる「常識」を打ち破るべく、

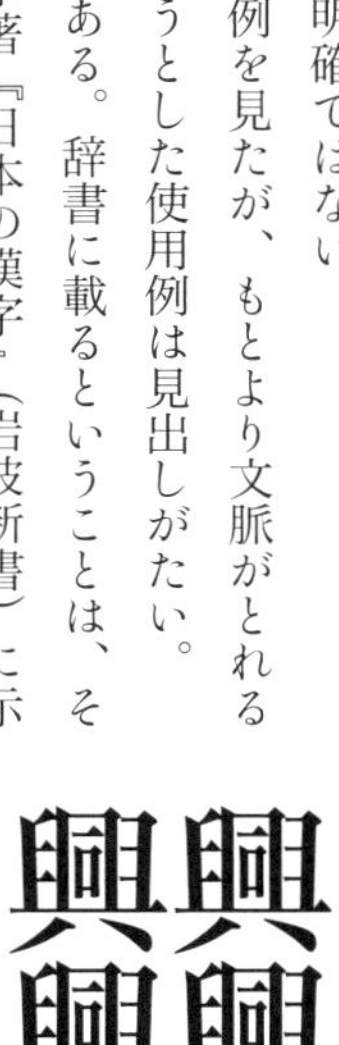
03

04

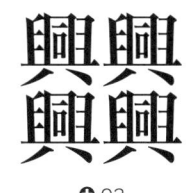

あえてこのたぐいもいくつも載せてみた。たとえば六十四画の「龍」四つの字を、店名に用いた喫茶店までが和歌山にある。何とその地で使われている方言「てち」に、同音のこの漢字で当て字をして、実際に看板などで使っていたのだ。漢字の源泉に喩えうる中国と、海を隔てた日本の細かい河川のような様子とを、ここにも見た思いがする。

六十四画以上の字

右に、画数の話といえばお決まりのテーマとなった感のある「龍四つ」をはじめとする六十四画の字について、とくに「龍四つ」の成立と運用の実際に触れてみた。

ちなみに中国では、これを元にしたとも思われるような、さらに画数の多い字（符に近い）も道書つまり道教の経典に見られはした。『大漢和辞典』でも、一部で目玉のようにも扱われているその六十四画の字は、漢文の参考書にも転載され、小学生だった私にも、それほど凄い漢字を載せたという辞書を部屋に置きたいと思わせ、漢字の不可思議な世界に導かせるのに十分な引力をもっていた。

ただ、この字は、『大漢和辞典』が編纂された当初（戦前）は、その原稿に存在さえもしておらず、数奇な運命を経て、ついに掲載されるに至っていたということが色々な出逢いのお陰で最近分かってきた。これは、検証の説明に字数を要するので、別に述べることとしたい。

ほかにも、『当て字・当て読み 漢字表現辞典』には、凄まじい画数の漢字が実際に使用された例を鏤めてみた。ここにいくつか述べてみよう。

中国語辞典のたぐいで総画索引の末尾に三十六画として載る「齉」（nang^4 鼻がつまる）について、中国か

05

06

らの留学生たちに聞いてみると、語としては知っている者もあるが、漢字はない（有音無字）と思っていた、という。三十画を超す字が常用されることは、中国でも現在はまずないようだ。しかし、その中国から進出してきた五十画台で擬音語を表したとされる字「𰻞」（05）を含むラーメンの名「ビアンビアン面（麺）」は、都内の料理店にもあり、画数を当てられれば値引きしてもらえると聞いた。ただ、その字の本場である中国は西安でも、店舗によって掲げられた字体が少しずつ違うので、どの画数が本当なのかは分かりにくい。中国でも文献のほかネットや口コミで広まってきている。その字は、かの秦の始皇帝が発明したという堂々たる伝承まで生まれていて、何やらもっともらしそうだが、元は「日月」「干戈」「馬」「糸」「長」「言」「心」を組み合わせた、やはり六十四画に達する南方の造字「〓」（06）だったのでは、と思われる。この一見遊びのようにも見える地域文字（一などの意）の構成要素を歌にしたようなものも見つかる。そこに、縁起がよいとされる「招」「財」「進」「寶」を合わせた「〓」（07）が混じり合った可能性もある。

　そして、それらの六十四画という中国思想によって構築されたと考えられる大きな「壁」を軽々と突破し、七十画台ともいえる「字」が日本で登場する。「64」という無意識ではあっても継承されてきたであろう思想的な縛りを意識しなかった日本人ならではの芸当、ともいえよう。その一つが「大《おお》一座」を表す江戸時代の戯作に登場する遊びの字であり、一部では有名になっている。これはその本の挿し絵まで見ると遊郭の一齣《こま》を「文字」に写したものであることが明らかであった。さらには、宮沢賢治によって実際に詩の中で記された、正真正銘の七十六画の造字「〓」（08）も、彼のファンなどの間では知られており、なおも個人文字性が高いが載せてみた。この「鏡」を四つ書く字まで入った画引き索引があの辞書に、紙幅などの制約を超えて設けられた

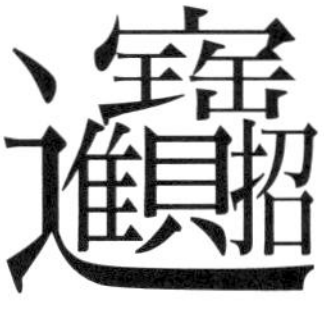
07

08

ならば、末尾において目を驚かせることになったであろう。そんな画数のものがありうるのか、と思われる方は、当て字を中心とする漢字表現の類を集めたその辞書をパラパラとでも眺めて、見つけてみていただけると幸いである。

そして、「雲」を「品」字様に三つ、その下に「龍」を同じく三つ重ねて八十四画に達するという、「幽霊名字」とおぼしい「国字」、読みは「たいと」「おとど」などと言われるものについての真相究明など（41ページ参照）、画数の多い「字」には、まだ解けない謎も残されている。

珍しい字との再会方法

小さいころから皆と違ったことを好む、変わった子供であった。そして漢字の世界にいざなわれ、関心を抱いてしまってからは、気になることが増えはじめた。

「正しい漢字」というものが厳然とどこかにあり、それを知ることに努めた。それだけに、漢字に関して、目にとまった面白い情報であっても、「こんなものは保存しておく必要がない」と、否定的な判断を下し、読み捨ててしまったものがいくつもあった。今となっては、それらの情報となかなか再会しがたく、悔いの残ることである。

それでも、それらの記載と再び巡り会える奇跡が稀に起こる。

数字の区切り方で、かつて新聞で、アラビア数字の表記法について、「10,000」のような三桁区切りでは日本人にとっては読み取りにくい、「1,0000」のように四桁区切りにすることこそ日本語にはふさわしいとし、三桁区切りに合わせた新しい単位を表す語を設けようといった主張を含む投書を読んだ。それに応えた投書のやりとりもあり、それらには新しい単位として「サウザンド」「ミリオン」「ビリオン」などに漢字を当てて、「千」

侤

09

「万」「億」などに準じた新たな単位として「美」などの漢字による語を作ろう、というような言説が現れていた。当時、紙面の小さな活字を追いながら、「へえ」と関心は持ったが、切り抜くこともメモをとることもせず、読み流してしまった。時が流れ、やがて漢字や国字を専門として研究するようになり、「あれはいったい何という字だったのか。もし当て字ではなく造字だったとすれば……」などと、気に掛かりだした。

子供ながらに、何らかの根拠を持った規範意識が働いて、情報を選別していたのだが、それが仇となる。大学に入り、早稲田の七号館、今はない図書室で、それを求めて数学関連の書籍をあてどなくめくっていたとき、何冊めかでふとその情報に行き当たった。その新聞記事がきちんと引用された箇所が奇跡的に目に飛び込んできた。人けのないその部屋を出て、図書館で縮刷版に当たり、ついにそれに辿り着けたのだった。記憶の底のそれよりも短い文章ではあったが、「美」などの当て字が確かにあった（詳しい内容などは、また紛れて見つからなくなっている）。

「侤く」（🔍09）。「働く」をこのように書くべきだという話を何かの新聞の広告欄のような箇所で目にしたこともあった。これは、個人文字、位相文字の好例なのだが、子供の私はむしろ「フン」という目で見て、その貴重な実例をあえて拾おうとはしなかった。それが漢字というものを学ぶ者の潔さだと思い込んでいたのだ。これも、国字を専門とするようになり、「働」自体も国字であるだけに、何で見かけたのか、その後も雑誌などで追いかけたが、見つけられずにいた。

都内の女子大学に就職してから、ＪＩＳ漢字の幽霊文字調査を目的として、国立国語研究所を訪ね、新聞の切り抜きデータベースを親切かつ手厚く見せていただく機会があった。確かその時だったか、そこにこの字についての記録が残っていることを見かけた。そこで、その日か後日になってからか、実際に切り抜きで確認させてもらったところ、少年時に見た、まさにその記事が保管されていた。当時の研究所と同じく東京都の区部で、家に届いた「朝日新聞」を眺めていたことが幸いし、ちょうど保存対象となっていたという可能性もある。

　年少時特有のいわれの乏しい規範意識に加え、記憶力への過信があったことも反省すべきである。いずれ忘れてしまうという助言にも耳を貸さなかった。こういう想い出の中の珍しい字との奇遇ともいえる再会のためには、莫大な資料群を前にしたアナログ的な手法では限界を感じることが多い。しかし、それらを探し求める過程で、思わぬ字との新たな出逢いも、また決まって起こるもので、もどかしいながら楽しいものであった。時間がたくさんあったころの苦しみと特権であった。

●懐かしい字を掘り起こす

不可思議な「字」に関する想い出が確かに残っていた。それは、先に引いた「新聞切り抜きデータベース」にも収められていなかった記事についての記憶である。

　年月さえもあやふやなそれは、「馬」という漢字を左右逆に「馬」と記す縁起物「左馬《ひだりうま》」についての記載であった。紙を回転させて字画を書き上げるという、挿し絵に記された異例な筆順がとくに印象に刻まれ、その後もずっとどこかで気になっていた。

　それを目にしたのがいつのことだったのか、また何新聞であったのかも明確でない。大学や地元の図書館で、記憶の底にある各種新聞の縮刷版を手に取り、殺伐とした文言ばかりが目立つ記事の山の中に迷い、またその書架の前に何度か立ちつくす。新聞各社に問い合わせても、小さな記事であるためか、手作業で探すしかないようで、見付からないとの時にいらだったような返事ばかりである。

　漢字に関する実状を記述していらした国語学の先生方にも、無謀にも恐る恐る質問の手紙を出してはみたが、残念ながらその実物との逢着は叶わなかった（私淑する先生が他界される前に手書きして下さったお葉書に、記憶はあるという返事を頂けたことは、この上ない幸いではあった）。ある新聞社で外字を作り続けたという職人の記事を見つけ、もしやその作字をと、その方にもお便りを出してはみたが、すでに数年前に鬼籍に入られたとのことであった。縁起の良いというその左馬の記事に、二度と手が届かないということは、ことに心残りだった。

ただ、なかなか見付からないお陰で、探す過程において別の用例に大いに恵まれた。こういう副産物は常に付いてきてくれる。WEBが普及し、「左馬」などの語を頼りにあれこれ検索していたら、あの「2ちゃんねる」で、その書き順らしきものが書き込まれていたものに行き着いたこともあった。

本務と雑事に追われる中で忘れかけていたところ、勤め先の今の大学で、「読売新聞」のデータベース「ヨミダス歴史館」（明治・大正・昭和）のフリートライアルが始まった。それまでは、「明治の讀賣新聞」というCD-ROM／DVDが百万円近い金額で出た、車も乗らないので買ったという方の話を聞いて、少しだけ迷ったものだが、待った甲斐があった。

そこで、真っ先にだったか、いやもったいぶって後回しにしてだったか、「左馬」と検索してみたところ、ついにその記事がヒットした。おぼろげな記憶の正体は、一九七九年の「読売新聞」記事、まだ十三歳の当時に見ていた紙面であった。先の「俦く」と同じ年で今をさかのぼること一世代余り、まだ中学生のころに、すでに漢字に面白みを見出す妙な性質をもってはいた。

しかし、そのころは、「これは面白いが漢字ではない、遊びのようなものだ」と判断したようにうっすらと覚えている。中学生特有の、根拠が希薄なこととはうらはらな厳格な意識がそうさせたのかもしれない。まだ、メモ帳もきちんとは記していなかった頃だが、よほどこれはと思ったものならば、切り抜きはまだだったとしても、ノートに写すくらいはしていたかもしれない。しかし、「左馬」は、それに値しないことだとその場で判断した結果、三十年以上も引きずってしまったのであった。

かつては夢想に過ぎなかった、こうした過去の資料探しが机上で楽にできる。そういう意味では、良い時代になってきたと思う。海の中で落とした針を探し出すがごとき作業が、だいぶ簡単に、時にあっけなくできるようになったことには間違いない。

安易に流れるのは人の常だが、それでもやはり検索では見つからないものもある。「正しい文字」かどうかということに関する根拠の弱い規範意識や、「当たり前」ともみなせるといった感情のたぐいから、蛮勇を奮って捨ててきた情報はまだまだあった。微かに記憶に残るばかりの失われた文字との懐かしい再会は、あといくつできるのだろうか。

第二節　表記・当て字・俗解から見た漢字の現在

るようだ。

●——「はたち」を過ぎたら「才」は「歳」？

成人式は、満二十歳を迎える誕生日とは別に、大人への仲間入りの儀式として一定の意味をもちつづけている。

ある学生が言った。

年齢を数える接尾語「サイ」の字は、「はたちを過ぎたら「歳」で、それまでは「才」を当てているのかな」と漠然と思っていました。

「才」は何気なく使う人が多いが、気になる人もいる。このような意識が世にあることは、複数の学生に確かめられた。これは言ってしまえば俗解なのだが、なぜ生じるのだろうか。

「サイ」については、「子供には才、お年寄りには歳」と感じるという人も少なからずいる。子供や童顔の人、ペットに対しては「才」、あるいは一桁の数字や満年齢には「才」など、いろいろな意見が出る。これは、一つには字体の醸し出す、見た目の雰囲気が影響しているのであろう。「才」がさっぱりとして元気も良さそうにも見えるのに対して、「歳」は立派であり、さらにシワシワの顔に見えたり、杖を持ったお年寄りのようにも見えないこともない。老人に「才」では失礼だという待遇意識も聞かれる。

それ以上に大きいのは、学習時期の差である。「才」という字は、いわゆる教育漢字で、小学校に入って二年目に早々と習う字である。ただし、「才能」「秀才」など能力（タレント）というような意味としてである。

一方、「歳」は、中学校に入るまで、新出漢字として学ぶことがない。

すると、小学校では、「わたしは8歳」とは書けないことになる。そこで現場の先生によってはどうせ書くので「10さい」よりは「10才」のほうがまだよい、として、二年生の配当漢字である「才」を使うことを教えることがある。これは、一種の教育上の配慮ともいえる。教科書などにも見られ、辞書が説くような「俗用」の域を超えているようだ。しかし、中学に入れば、当然のように教員も替わり、その中で「実はね……」と知識を更新してくれる先生に恵まれる、とは限らない。また、仮にその説明を得られる重大な日に欠席していれば、もう「さい」の漢字に二つあることの謎は、授業などで解けないままとなりかねない。そもそも、「最初に「才」のほうで覚えてしまうので、新たに「歳」という字を知ってしまったら混乱する」という意見すらある。

年齢に「才」を用いるのは、日本独特の方法である。中国では「歳」と「才」とは互いに異なる発音・アクセント（声調）をもち、通用することはなかった。日本ではいずれも「サイ」と同音となり、「歳」の略字のようにして「才」が用いられるようになった。江戸時代には、「才」は、「歳」と同音だから当て字として用いているのではない、という説も現れる。「歳」の中に含まれる「𢦏」の部分を引き抜いてきたのだという。なるほど、今でも年配の方々に残されている字体は「才」ではなく「𢦏」だったりするが、この説の当否はいかがであろう。

社会に出るためには、世の中の習慣を覚えていかなければならない。筆記の経済は、単位のような用法を有する字には強く働く。「圓」が日本で「円」の形で固定した一因もそこにある（144ページ参照）。NHKでは、画面の走査線などで字体がつぶれるため、図表で「歳」を使う際には「才」を用いることを許容している。これは、画面上で見るため、見せるための方策であり、その視認性の評価は社会的な認知度を背景とするものである。子供でも理解できるという可読性は、小学校にとどまらない世の中の日常的な使用実態を反映している。手書きで書くためには「歳」より「才」の方が経済性も高く、用を足せる。また、民放では才能といった意味も込めて「14才」を題に入れたドラマもあった。これらの原因が重なりあって、「才」の使用は世間で循環しているのである。

慣習を継承し、発展させていく新成人は、「歳」の中の「小」を「示」などと書かないだろうか。「はたち」という語をどう書くのだろう。常用漢字表に従えば、「二十歳」、「二十」でも良い。この熟字訓によって「はたち」から堂々とした「歳」になるという意識を生じる人もいた。「青二才」という語（語源説は複数ある）に影響を受ける人もいる。少し変えて、「二〇歳」「二〇才」「二〇」、さらにたまに縦書きをしたとしても、「20歳」「20才」「20」と書く人もいるのだろうか。

●——「ぼーっ」とするから「ぼう然」？

漢字を読み書きする力について、世上では首相があの字をどう読んだなどいろいろなことが話題になることがあるが、それとは無関係に、ある学生が問う。

「がぜん」って、どういう意味ですか？

彼は「当然」というような意味で「がぜん行くでしょ」などとふだんよく使っているのだが、ある時、本来の意味とは違っていると感じたのだという。概して「俄然」という漢字を知らない、あるいは知っていても「俄然」の「俄」の字に「にわか（に）」という意味や訓読みがあることまでは習得していない人がいる。同年代は「がぜんやる気が出た」としては使うと声を揃える。そのために、使用される文脈と語の発音の勢いとが醸し出すイメージに基づいて生じた用法のようだ。「がぜんイチゴよりリンゴ」と「断然」の代わりに使う女子学生もいた。「我然」と書き、私は断然と解する人もいる。歌謡曲などでのこうした用法や現れる文脈が限られている傾向による解釈への影響も考えられるが、「ガッと飛びつく」の「ガッと」というオノマトペのような副詞の働きをする語との関連も考えられる。当然の意味で一言、「がぜん」と強い響きを求めて仲間と使う中学生もいた。

「…然」という副詞、連体詞のたぐいの語は、何かと話題になる。[*1] ここでは、話題にのぼりにくいものも扱いながら、表記と語義の相互関係について見ていこう。

「きぜん」という語も、「キッ」とするという語のイメージと結びつきやすいようだ。学生たちに、単語を仮名で示し、漢字とその意味とを尋ねてみた。すると、「きぜん」とは「きっちりとした」「きっぱりとした」「ビシッキリッとした」という意味だと意識を記す者が現れた。漢字は、「毅」と書こうとして誤字体を書く者、同音字など全く別の字で書く者もいる。少なくとも別の字で書く人たちは、漢字の意味（字義）と漢語の意味（語義）とが、うまく結びつけられていなかったようだ。

また、「あぜん」を「呆然」と書く学生も複数いた。「呆《あき》れて何もいえないこと」だという。そして、「ぼう然」に対しては「ボーッとしてしまうこと」という。一つずれてしまい、「ぼう」と「ボー」との音のつながりが生じていたようだ。この「あぜん」には、本来の「啞（唖）然」のほか「阿然」「啊然」などの異表記も現れ、「あっけにとられる様子」、「あきれること」と、ここにも、「ア」という発音との関係づけがうかがえた。「ア然」で「口をあんぐりあけて驚いている」という回答もまた同様であろうか。

「呆然」と「茫然」を想定した「ぼうぜん」だったが、「棒然」で「棒のように立ちすくしている」（「立ちつくしている」の意であろう）という解釈もあり、また、「ぼうぜん」で「ボーッと立っているさま」、さらに「呆然」のほか「模然」で「ぼーっとする」とも言う。やはり耳に残った発音から語義を理解しようとしている。

「ぶぜん」に対しては、「むすっとする様子」という回答もあり、世論調査に関してその前頃に行われた報道による影響は薄いようだった。[*2] 中には「仏然」と書いて「ブスっとした態度をとること」と、仏頂面と絡めたような解釈も記されている。また、「無然」で「ぶーたれる」という。やはり発音は漢字とも関連を持たされていそうだ。

「がく然」は「がっくりする」、さらに「がっくし、しちゃうかんじ」という。「愕然」と書けた者でも、「足がガクッとなるくらい落ちこむこと」。なるほど、苦し紛れの回答なのかもしれないが、うまいと感心してしまう。

先の「ぼうぜん」に関しては、かつては「茫乎」で「ぼんやり」と読ませるような表記も小説などに見られた。実は根に同じ部分をもつ現象なのであろうか。それにしても、「…然」という漢語は、和語と音・義がしばしば類似する。「悄《しょう》然」という漢語も、和語「しょんぼり」となんとなく音も意味も近接している。「憤然」「平然」も「フン」「へー」などと言いそうだ（前者に、噴火と結びつける解釈は出てきた）。

これらには、漢語本来の意味の覚え方として利用できるものがありそうだ。当て字、当て読みにも関わる行為とも目される。また、言語の意味変化の一因を見た思いがする。個人、集団レベルでの俗解は、変化を起こす要因ともなる。しかし、漢語と和語とで、なぜここまで類似してしまうのだろう。偶然にしてはやや奇妙である。もしかしたらオノマトペのような性質を少しでも有する語においては、音の選択に際して日中で一致する感覚がごく一部には古くからあった、などといえるのだろうか。また、語源説としては認められたものはあまりないが、漢語を元に生じた和語というものも、右記の中に絶無ではないのかもしれない。

右記の「俄」だけでなく「毅」「啞（唖）」「憮」「呆」「茫」「愕」は、いずれも使用頻度や使用範囲などの諸条件から「常用漢字」になっていないため、国語の授業で字種や字体、字音、字義をきちんと学んでいない。しっかりと身に付いていない状況は、無理もないことであろう。「憮然」と書けた者には、「憮でるのに」変だ、と「憮」と「撫」とを混淆した解釈による感想を記す者があった。

やはり「撫」もまた表外字なのである。新聞など読者のためにと「ぼう然」「がぜん」などと仮名に開いている。

自分が感覚的に何となく、ことばや文字を使っているな、と気付けるように心掛け、もし「そうだな」と思ったら自分で辞書を引くなどして確認する習慣を身に付けることも、ことばや文字との付き合いの中では必要なことであろう。

＊１：「全然」については、いかなる場合でも肯定文に用いることは教養のなさを露呈する、といった評価がよく聞かれる。日本語学分野で明らかにされてきた語誌の成果は一部に浸透してきたが、実際の歴史はなかなか一般の耳にはなじみにくいようだ。

＊２：二〇〇八年の文化庁による「国語に関する世論調査」では、「憮然《ぶぜん》」の意味が本来の意味とされる左記の(ア)からずれて、(イ)と理解されている、という結果が新聞などで注目を集めた。

憮然　例文：憮然として立ち去った。	平成十九年度	平成十五年度
(ア) 失望してぼんやりとしている様子……	一七・一％	一六・一％
(イ) 腹を立てている様子……	七〇・八％	六九・四％

ここでは、「ことばの乱れ」が進んでいると巷間でいわれている若年層のほうが、高年齢層よりもかえって本来の意味で回答していた。教育の効果も影響があったのかもしれないが、若年層はふだんそれほど使わない語であるため、語義の認識が曖昧になっており、それが回答にも反映したのではなかろうか。

●――漢字が引き起こす語の意味の変化――「性癖」

「性癖」の意味や用法が変わってきた、と活字を見たり、話を聞いたりする中で感じてきた。元より、この語は、「性善説」という場合の「性」と同様に、人の本性を意味する「性」を含んでいて、性質や癖といった意味であった。しかし、近ごろ、別の意味での「性」にかかわる、人と変わった趣味を指すと認識し、その意味で用いる人が増えてきているようなのだ。漢字・漢語への理解が薄れ、意味が派生、拡張していると見ることもできる。日本で近ごろ、性的な嗜好という意味にじわじわと特化されつつあるのは、「癖」という字の醸し出すイメージもかかわっているのであろう。そして、この「性」という漢字が「性格」よりも、「男性」「女性」「性欲」「性的指向（志向・嗜好）」などの意味として多くとらえられるようになってきたことと関係するのであろう。「生と性」はもちろんのこと、「生産性」「関係性」とあってもドキドキしてしまうような世代に限った話ではない。ちなみに、韓国語で、性格といった意味をもつ「性味《ソンミ》」という語について、日本人学生に意味を推測してもらうと、その字面から、とても驚くべき解釈が主に男子から次々と飛び出す。

つまり漢字は、表意性を強く帯びている文字であるため、それが多義を備えている場合に、その一つの字義が影響して、熟語全体のもつ意味を変化させる現象が存在することになる。ある意味で漢字の力が発揮されるこのようなケースは、実はそれほど稀ではないため、漢字圏においては、音声・音韻だけを対象として言語というものの全体を考えようとすると、過程や結果などに十分な説明がつかず、成果が得られないことがある。

韓国は、戦後、漢字を国を挙げて排斥してきた。その結果、漢字語（漢語）であっても漢字で書かれることはほとんどなくなり、ハングル表記が普通とされている。耳で聞いて分からない語をハングルで表記すれば、やはり語種、語源や語構成が明確ではなくなる。韓国では同音である「充塡《チュンジョン》」と「充電《チュンジョン》」は意識の上で一つの語へと合併されつつある。さらに語によっては、理解に困難をきたして、ついには固有語にとって替わられるという事態も生じている。

その結果、日本の「性癖」とは対照的な、しかし共通点をもつ現象が起こっている。それについてはまた別に述べてみよう（128ページ参照）。

●——「凹」の新展開

気分が落ち込んだ時、若者たちを中心として、その精神状態を「へこむ」と軽めに称することがある。物体が「くぼむ」という意味からだんだんと転化してきたものだ。その精神の落ち込みを「凹む」と表記することが、携帯（ケータイ）メールやインターネットなど電子メディアの台頭とともに、近年とみに多く見られるようになってきた。

その表記を使いこなしているのは、やはり若年層が多いようである。学生たちによれば、ケータイでメールを打つ時に、「へこむ」と打って変換を押してみたら「凹む」と出てきたために、それで覚えて使うようになった、あるいは、友達から送られてきたメールに「気持ちが凹んだ」などと使われていて、それで覚えた、という。ケータイなどのツールによって、辞書などからと同じように漢字を習得する機会が生じているのだ。

むろん、「へこむ」には、かねてより屈服する、困惑するとか、派生語に「へこたれる」といった語があるように、これと近い意味があり、小説などでも「凹」という字が使われることはあった。「へこむ」は、そこそこ歴史のある訓読みであり、一部の国語辞書の類にも掲載されてはいた。しかし、常用漢字表では公認されていない読み方である。「凹む」が流行する前に、そうした国語辞書などの掲げた表記を、かな漢字変換のための辞書に流し込ませることもあったのであろう。そういった背景が重なって、ここのところ、「くぼむ」（窪む）ではない「凹む」（へこむ）を目にする場所がだいぶ広まってきたようだ。むしろ「くぼむ」では「凹む」と変換しないスマートフォンもある。

印象深い形をした「凹」は、かつては、「漢字ではなくて記号なのだ」などと言われることさえもあった。私は当用漢字時代に中学校で、数学（図形）の女性教員に、「凹や凸は漢字ではなくて日本で作られたものだ」と聞かされた。ともあれ、その後、常用漢字に採用されたために、音・訓、さらにはクラスによっては画数や書き順（筆順）までも習うことがあるようで、「※◎凸＊☆」（聞きとれない音声の描写）などとも使われつづけているものの、さすがに記号とは思われなくなってきた。それでも「凸《へこ》む」と書き誤る人もいる。前に述べたとおり、一画で書き上げる人も多い。

常用漢字では、「凹レンズ」「凹版」とか「凹凸《オウトツ》」などのほか、熟字訓として「凸凹《でこぼこ》」が認められている。いかにも対と一目で分かる「凸」が強く意識されるのであろう。そのため、「凹む」気分があるのだから、きっと対義語が何かあるはずだと思われるようだ。インターネット上でも、とりあえず逆の「凸む」と打ち込んでみてから、さてこの読み方は、などといろいろ試みられている。

この「凸」という字もまた、「凹」という字とともに三国時代以降に中国から日本へと伝わってきてから、実は「つばくむ」「なかだか」「ふくらむ」など、様々な訓読みや用法が与えられてきた。今日に至るまで、「電凸《デントツ》」（突の代用とみれば本来的）など応用は続いている。その詳細は多岐にわたるので、またの機会に譲りたいが、そうした営為の一端と見ることができれば、これらの思いつきとも思える、またパソコンやケータイの機能的、物理的な影響による浅薄とさえ感じられかねない展開も、漢字の歴史の先端を担う意味をもっていると思えてくる。

幽霊文字からキョンシー文字へ？

画数の最も多い漢字として、八十四画の字（雲雲龍雲龍龍）（🔍10）がある、といわれることがある。昭和のある日、とある大手証券会社に大金を持って現れたその人物が、名刺に残していったと伝えられる。その字体は、「雲雲雲龍龍龍」（🔍11）のように印刷した資料もある。当人は、その時に「たいと」と名乗ったそうだ。ただ、電話帳など他の姓のデータには見いだすことができず、当時は用いることが可能であった仮名《かめい》ではないかと推測される。

🔍10

読み方は、「だいと」「おとど」として転載する名字や国字の辞書なども現れている。「おとど」とは、大臣を表す古語であろうか。伝聞が転化したものにしては、いささか差が大きい。

私は、タイという音を持つ「䨺」と、トウという音を持つ「龘」という二つの漢字を並べて用いた、二字からなる仮名《かめい》だったのでは、と考えている。それが、情報として一人歩きをしていくなかで、一字として認識され、伝えられるようになる。これは漢字の歴史上、転記時によく起きたことであった。それが姓の辞書にも転載され、世界最大の画数を有する国字として、一部で知られるようになった、ということではなかろうか。

𱁬

Q11

二字がいつしかくっついて、一字の国字とされるに至る。もともと存在しない字を「幽霊文字」と呼んでいる。辞書学でいう、辞書においてまれに誤って生じていつの間にか項目として載ってしまった「ゴーストワード」つまり「幽霊語」からの類推であった。

ＪＩＳ漢字第２水準にあり、ケータイでも「シ」という、ＪＩＳ漢字採用経緯とは無関係の字音で変換される「妛」（次項参照）は、タモリの出演するテレビ番組でも紹介されたそうだ。後に限界集落と名付けられる地で用いられていた「山女《あけび》」の合字を作字して印刷する際に、写った影を「一」と誤認した人がいたことから生じたものであった。幽霊文字の典型といえる（字体のみがたまたま一致する古い例はある）。ゴーストタウンとまではいえないものの、住民も僅かなその地からの情報が、ＪＩＳ漢字公布以降全く寄せられていなかったことは納得がいく。それと比べ、姓として「たいと」は、繰り返し報道がなされる情報社会の中で未だ実在の記録が現れない点から見ても、その類ではないかと思われる。

幽霊文字は、何かに載せられると、第三者によって文字としての意味・用法を与えられる傾向がある。「妛」もそうなったのだが、すでに幽霊ではなく、ゾンビのごとく復活をしたのだ。キョンシーのように一人歩きをしはじめる。キョンシーとは、映画で有名になった死体が甦った妖怪で、「殭屍」を広東語で読んだものであり、大陸では「僵尸」と書く。

八十四画のその幽霊文字とおぼしいものは、二〇一〇年から新たな固有名詞としての使用を獲得した。千葉県松戸市の北松戸駅前で「おとど」と読むラーメン屋の店名となったのだ。正式な登録がどうなったのかはともかく、看板や暖簾に「[雲雲雲龍龍龍]」という形が大きく明示され、店内には「国字」を用いた店名の独自の由来まで記されている。画数に合わせて八十四食限定とも聞く。賑わっているようだが、どうしてこの字を知ったのかなど、ラーメンを食べながら詳しくお話をうかがいたいと願っている。

ここに用法を得たこの八十四画は、ついに現実に使用されることで文字としての位置を得た。少なくとも個人文字や位相文字であると、もはや認めざるをえないものとなったといえる。この「字」は、キョンシー文字とでもいえよう。「字」は個人の作であっても、そこに何らかの必要性や表現力など魅力が感じ取られれば、こうして使用の循環と情報の広がりを生み出すものである。語が先にあるとは限らないのが、漢字圏の命名だ。

そういう一人歩きの例を続けていくつか紹介したい。

●――漢字の音義の一人歩き

先に触れた、江戸時代の七十画台の「字」は、恋川春町の『廓《さとの》𥶡《ばかむら》費《むだ》字《じ》尽《づくし》』(天明三(一七八三)年刊)という戯作本に登場する。かの蔦屋重三郎の手がけた黄表紙で、そこには七十九画とも数えられる「[吐+客歆×4]」(12)に「おういちざ」(おおいちざ)と読みが添えられている。この本の元となったものが『小野《おのの》篁《たかむら》哥《うた》(歌)字《じ》尽《づくし》』で、影響力も大きく、何種類もの亜種、中には目を疑うような語をも扱った異種までが派生した。

「今昔文字鏡」など、正方形にデザインするものがあったが、その実物は細長く、とても一字としてのまと

12

まりを持たないもので、さらにその次に並ぶ「字」は、方形にまったく収まっていない。「おういちざ」とはむろん大一座のことであるが、『異体字研究資料集成』には本文だけが編集され、影印されていたため、従来いろいろな意味が推測されてきた。

これは、原文の挿絵と、そこに記されている科白などを確認すれば、団体客のことを指していて、その「字」に含まれている「敵」は敵娼《あいかた》たちであることが分かる。その中で、悪酔いした「客」の一人が「吐」いてしまっている、という困った状況を表すことは、『別冊太陽』八九（一九九五）で、鈴木俊幸氏が解説しているとおりであると考えられる。

先の八十四画の字もそうであったが、紙の本や活字の辞書が典拠となって、ＷＥＢに情報が転記されたり、テレビでも取り上げられたりする。多くの人にとって面白い情報は、情報化社会の中で循環しつつ、拡散していくものである。「魚◎《ちくわ》」もそうだった。八十四画の字については、「姓としてはなくなっているが、それを元にした名としては実在する」といった都市伝説のたぐいをいくつか耳にし、実際に確認に遠路走ったこともあった。話題として広まるとともに、意味内容や裏話のようなものが膨らんでいくことも常である。

字義が忘れられ、字面から得られるイメージの良さから、人名に用いたいという要望が複数あることが見つかった「腥」という漢字の読み方も、かつて調査に当たったときには、「セイ」しか確認していない。パソコンやケータイの変換ソフトが名付けに大きく影響しはじめているのである。私は、名前の読みについてはそのようにしか述べたり書いたりしていないはずだが、今ではこの話にまつわり、種々の「名乗り訓」が流布しだしている。ほかにもし確かな出所がないとすると、「セイ」よりもそれらしい和語の方が想起しやすく、あるいはピンと来るためであろうか。

名付けとして大きく報道され、有名となった「悪魔」という届け出も、あの読みは「デビル」だった、と複数の学生が述べるようになった。それでは結局、「亜」と「駆」という字にされたということの意味が半減するが、何か別の話と混じながら、より驚きの勝る方へ話柄が拡大したのであろう。

筆者の調査を経て、JIS漢字の幽霊文字として知られるようになった「岦」は、もとは「𡶜《あけび》」（合字　第3水準として採用）であったが、「あけんばら」に対する「𡶜原」という本来的な代用による使用を経て、種々の新たな読みでHN（ハンドルネーム）などにも使われるようになった。「安」を誤植した例から、実は姓に使われていた字であったという話までも、いくつかの例を伴いつつ、まことしやかに流れたことがあった。

偶然に字体が一致する例さえも見つかっていない「彁」までが、JIS漢字に採用され、典拠不明と一部で注目されるようになってからは、面白がって使われ、独自の音義を与えられ、新たな用例を蓄積してきている。こうした立派な幽霊文字が新たに関係のない魂を注入されることで、個人文字、さらには位相文字へとなっていく過程を目の当たりにできそうだ。そうするとそれらには、漢字、国字というレッテルが後付けながら貼られることになるであろう。

姿や声音を変えて歩き回る幽霊文字や幽霊音訓などがあると聞き、そうしたことは「近ごろの人たちは漢字を知らなくなったから」と嘆きたくもなる方もおいでであろう。しかし、現代の諸メディアに始まったものではない。実は平安時代の古辞書にも、意外な字体や音義が見受けられる。伝承の誤り、編者の転記による揺れ、似ているものとの同定ミス、独自の推測の記入など、人間くさい営みが介在していたとしか思えないものがいくつもある。『類聚名義抄』には見せ消ちが漢字と融合したケースさえも見られる。辞書を権威とみなしてその記述を絶対視すれば、今でも危うさが伴うが、それは歴史を帯びたものに対しても同様であろう。

第三節 集団・地域・場面・位相から見た漢字の現在

●「位相文字」と国語辞典

『三省堂国語辞典』の改訂がなされ、第六版が店頭に並んだ。

この「三国《さんこく》」の略称で親しまれてきた国語辞書は、もとは見坊豪紀《けんぼうひでとし》氏が、文学作品やマスメディアから看板、落語など実際に使われていることばの中から、新しい語、辞書に採録されていない語などを見付けるたびに、それをカードに地道に記録し、その蓄積を元に編み上げた、実証性に富む辞書である。

見坊氏の極めて高感度の「アンテナ」に集まる用例は膨大なものであり、そこから導き出された掲出語は、特にその「活きの良さ」で知られていた。この辞書の編纂に打ち込むために、国立国語研究所を退職されたと聞く。ことばと伴走され続けた一生だった、とも評されたが、たった一例ずつであっても、個々の例を見付けていく愉しみと、それを元にして真の現象を追いかけ、さらにそれを生み出す背景の真実に迫ることで、知ることの歓びを嚙み締めていらしたのでは、とも想像する。

『三省堂国語辞典』は、実は、見出し語の漢字表記の欄においても異彩を放つ面があった。例えば、地域独特の文字であっても、使用の稀ではないものについては採用していた。たとえば「潟《かた》」には、新潟を中心に残っている略字「泻」が併記されていた。また、石炭を掘った後の岩石を意味する「ずり」には、「硑」という、炭鉱労働に従事する社会集団に遍在する文字が示されていた（後に「研」となる）。つまり、特定の社会で通用するような字も拾い上げていたのだ。こういう特定の社会集団で使用されるような文字を、筆者は「位相文字」と呼んでいる。寿司屋の隠語や学生ことばなど、ある社会集団、また特定の場面に特徴的な語のことを日本語学では「位相語」と呼ぶのだが、それを応用した用語である。この「研」は、新聞に投稿された俳句を根拠として、『三省堂国語辞典』に採用されたものだそうだ。これらについてお尋ねした筆者の拙い質問状にも、たいへんご丁寧に細かな字でお返事を下さったのであった。

極め付きは、動物の「てん」という項目であった。そこには「貂」という、どの辞書にも示される漢字のほかに、「犾」という字が掲出されていた。これは、漢和辞書を含め、他のいかなる辞書にも収められていない、不思議な字である。この字のことが気に掛かり、三省堂で辞書編集を担当されている方に、見坊氏が遺された膨大なカードについて教えていただけないかと依頼してみた。すると熱心にお調べ下さり、また飯間浩明氏も協力して下さり、見坊氏による「てん」の当該カードには、新聞に挟み込まれていたような、毛皮に関するチラシの切り抜きが、几帳面に貼り込まれていたことが判明した。それは、ゴシック体で作字された版面である。このことから、毛皮業界あたりの位相文字であったのではなかろうか、と推測される。「音読み」する形声文字として、分かりやすく書きやすい。

見坊氏が亡くなられた後の改訂で、この辞書特有のこういった見出しの漢字は、多くは削除されたと聞いた。辞書としては異例のそれらを削ることは、辞書上の表記に対して抱かれる規範意識からしても、自然な流れであったのかもしれない。現実を映し出す「鏡」としての辞書よりも、こうあるべきだという標準を示す「鑑《かがみ》*1」としての辞書に、文字については比重が傾いたのかもしれない。

しかし、第六版の改訂では、「最新の表記の実態に基づ」くという方針（序文）に沿ったものであろうか、少し変化が見られる。たとえば生物の「えび」の項目に「蛯」という表記も採用された。近代の国語辞典としては史上初のことであろう。これは、「えび」に対する漢字表記について、筆者が追跡した結果を、「もじもじカフェ*2」などでお話ししたことに原因があると仄聞した。「蛯」は、固有名詞、つまり姓や地名、店名などとしてはもちろんだが、普通名詞としても、確かに現代の日本において実際に使用されることがあるのだ。時代による変化はもちろんだが、地域的な偏り、さらに性別や趣味などによっても使用傾向や認知度に差が見られる字なのである。この現象については論をまとめたことがあるが、いずれ稿を改めて述べてみたい。

＊1：鑑《かがみ》……学生の鑑だ、殷鑑《いんかん》遠からず、という際の手本としてのかがみ。

＊2：http://moji.gr.jp/cafe/

●「当て字」の広がり

二〇一〇年の大学の前期と夏休みの前半は、まさに「当て字」に捧げた五か月間だった。上梓された『当て字・当て読み 漢字表現辞典』（三省堂）は、当初は薄く小さな本にするつもりだった。際限ない広がりを見せる用例を、容赦なく削除していったのだが、それでも割愛にためらうことも多く、結局は九百ページを超える厚みをもつ一冊となってしまった。それらは、小説や歌謡曲、漫画、雑誌、WEBなどで日々新たに作りだされており、元より完璧を期すことの困難な対象ではあるが、何とかそこまで中身を拡げられたのは多くの方々の助力の賜物であり、それを辞書の形式に整えられたのは担当の方々の良心的にして献身的な編集のお陰であった。

「当て字」は、世上でよく使われる語だけに、意味が実に多様であってとらえにくい。日常でも、「そんなの当て字だよ」と評される場面があるように、マイナスイメージを与えられがちだ。私の父も、母に「すごい当て字を書く」と批難されていた。しかし、実は「時計」も「充分」も「煙草」も「歌舞伎」も当て字である。漢字から見れば、本来性や一般性に欠けるところのあるユニークな用字（法）であり、日本語から見れば同じように個性的な表記（法）である。漢字と日本語とを考えるうえで、格好の材料といえる。二万種を遥かに超えた実例を整理している時には、日本の人々の心性までもうかがえるように思えることがしばしばあった。

「辞典」の名を頂く書籍の中で、この表記を収めたのはたぶん最初だろう、と思うものが少なくない。ただ、先人たちはすでに当て字の辞典の道を切り拓いていた。個々には、「シュウオウ」や「あきざくら」と読まれてきた「秋桜」をコスモスと読ませる熟字訓は、山口百恵の曲名以降に広まったものだが、『新潮日本語漢字辞典』がすでに収録の先例を示しており、これは国語辞書にさえ掲載が見られるようになっていた。それらに出典などの情報が加われば、さらにその表記の位置が明確となろう。

辞典へのそうした例の収録には、さまざまな意見があるであろう。しかし、辞典といえども規範主義だけで成り立つものはなく、一方の核となる記述主義に重きを置けば、すでに述べたとおり、模範たるべき「鑑《かがみ》」よりも、現実を映し出す「鏡」としての役目を帯びるのは当然のことである。

その種々の素材からは、何が読み取れるのであろうか。その辞典には、すべての当て字を収めたわけではないが、様々に思索を楽しめる要素は詰め込められたのではないか、と思う。そうした思いが薄らぐ前に、しばらくの間、当て字の世界についてここで考えていきたい。

まずは、「まじめ」という語に対する当て字について取り上げてみよう。

「真面目」な「当て字」

「まじめ」という語は、「正《まさ》しき目」ないし「真し目」、あるいは「真筋目」からできたものだ、といった語源説がある。「まじまじと見る」の「まじまじ」は真顔の意もあり、関係があると解されることもある。

江戸時代に、真剣さ、本気さ、そしてそうした状態を感じさせる顔つきや態度という意味をもつ口頭語として現れた語であるようで、『日本国語大辞典 第二版』などによると、三百七十年ほど昔の文献に登場する。「まじめなるかほ」と、仮名草子『仁勢物語』下巻（早稲田大学蔵）に用いられている。

江戸時代のうちに、漢字による「真面目」という表記が現れる。例えば、「真面目《まじめ》くさつて」と、松亭金水（一七九五―一八六二年）の人情本『秋色絞朝顔』初編下第六回（早稲田大学蔵）にあるように使用されていく。

この漢字三字による表記は、中国では蘇軾も用いているが、それは実相つまりありのままの姿を意味する漢語としての「真面目」（シンメンボク・シンメンモク）であった。この漢語の文字列を、語義の差を超えて「まじめ」の表記に利用したものであろう。「真面目《まじめ》」という普通とも思われている表記を『当て字・当て読み漢字表現辞典』に取り上げたのは、そういう不整合もふまえてのことである。江戸時代の後期には、この音読みの語が「まじめ」という意味でも使われるようにさえなり、「まじめ」と「真面目」はより一体化した。

ほかにも表記は試みられた。「天秤真地目《てんびんのまじめ》」という狂歌師がいたようである。また、元禄には「目静」と書かれることもあった（『反故集』）。『倭訓栞』後編には「交睫を読めり　まじ〳〵も同じ」ともある。「交睫《こうしょう》」は漢語では睫《まつげ》を合わせる、つまり眠ることであるが、交えると目という構成としたのであろうか。ともあれ、「目」という点で、「まじまじ」という語とのかかわりがここにも現れている。滑稽本には「老実」という熟字訓も記されている。

「まじめ」という語は、人々に使われていく中で次第に多義性を帯びていき、明治に入る頃には、誠実である、誠意がある、という派生した意味でもよく使われるようになる。

明治期以降には、「真面目」が勢力を得る。坪内逍遥、二葉亭四迷、尾崎紅葉、樋口一葉、そして夏目漱石、志賀直哉などの作にも見られる。明治時代には、漢字で、あるいは熟語で何とか意味を表そうとすることが増え、

「正首」「尋常」「真摯」「質朴」

「老実」「篤実」「真実」「樸実」

などといった熟字訓も使用されている。ここには、明治期の新作と思しきものが多数見受けられる。

なお、「真面目」と書いて「まこと」とも読ませ、また、「老実」「忠実」と書いて「まめ」とも読ませる例もあり、それら相互に関連が読み取れよう（後者の「まめ」には「豆」も当てられることがある）。

そして、明治期にも、「真地目」という、発音に合わせて真ん中の一字を取り換えたような表記もときとして行われた。

近代の国語辞書も対応を始める。ヘボンは『和英語林集成』において「馬自物」という珍しい表記を示す（一八六七初版（明治大学図書館蔵　二五三ページ）、一八七二再版（国会図書館蔵　二九五ページ）。『日本国語大辞典第二版』では「馬出物」とする）。この和英・英和辞書には珍しい表記が散在していたのだが、第三版ではこの「馬自物」という漢字表記も消えている。大槻文彦は、国語辞書『言海』（一八八九）において、「まじめ」の項目に「真面目」という漢字表記を掲げた。山田美妙『日本大辞書』（一八九三）もまた「まじめ」に「真面目」を掲げている。一九世紀末には、数ある「まじめ」の漢字表記の中から、「真面目」が人口に膾炙《かいしゃ》していたようである。これが広く使われるようになっていったのは、「まじめ」というかっちりとした意味をもつ語には、きちんとした字義や佇まいをもつと感じられる漢字こそがふさわしいと多くの人々に意識された結果なのではなかろうか。

しかし、この「真面目」は、多難な時代が待ち受けていた。社会の変動の中で翻弄されていく。

●——「真面目」の苦難

戦後、「当用漢字」が当て字のたぐいを正式に廃する方針を実施に移した。これは、戦前からの流れを汲む施策であり、次々と具現化したその音訓表や付表によって、「まじめ」という漢字表記は認められないことが明確となった。この表に従うかぎり、「面」を「じ」と読めないためである。

しかし、以前から「真面目」という表記がかなり一般化しているため、それを覚える生徒が現れる。何かでこの三字を書いたことに対してだったか、それは当て字だから良くない、あるいは「まじめ」とは読めない、と言ってその表記を否定した教員がいたことを覚えている。

私が小中学生のとき、「まじめ」ということをあざけるような風潮があった。少しきまじめな態度をとる者がいると、「まじめだなあ」、「まじめぶっている」などと蔑む光景を校内ではしばしば目の当たりにした。「まじめくさる」や「くそまじめ」という語は、戦前からあったもので、場をわきまえない態度やその程度の行き過ぎを戒めたり評したりする表現であったのだろうが、単に他者と違う律儀さを揶揄するどころか、嘲笑ったり批難したりする場面に確かに出くわした。「まじめ人間」とことばをぶつけられても、反撃が苦手そうな人がからかわれる状景であった。

面白みを他者に示すことを惜しむ人に対しては、今の私はもったいない面があるとは思うが、そうではなく生真面目な性質の人も少なくないのである。テレビ界の趨勢によったものだったようにも思われるが、日本テレビで一九八三年に「おもしろまじめ放送局」がアナウンサーによってキャンペーン展開された。「まじめ」が妙な形ながら表舞台に立ち、復権していくように思えた。

一般には、「まじめ」は、和語の名詞（形容動詞の語幹）であることに加え、語のもつ意味内容からも、表記としては漢字によるものが適している、と感じられるのだろう。当用漢字の制限下においても、近世以来の漢字表記である「真面目」は根強く残りつづけた。小学生であっても、ときに違和感を抱えつつも、読める者がいたくらいである。韓国人留学生は、面白い疑問を呈した。韓国では、「シンメンモク」に当たる字音語が真の面目という意味しかもたない。そのため、「まじめ」にこの三字を用いる日本では、シンメンモクを書くときにはどう表記するのか。これは、漢字と語とが1対1で対応することを大原則とする中国に近かった韓国らしい見方といえよう。
この表記が当て字であり、教育機会も乏しいためか、誤記のたぐいがたいへんに目立つ。

真字面
真実面　真実目
真事面　真事目
真地面　真地目
真自面　真自目
真白面
真目面
真剣目
真面め

概して漢字は、「誤字」とレッテルが貼られればそれでおしまいとなりがちだが、これらは、「誤字」といって切り捨てるだけでは惜しい背景を語ってくれているように思えてならない。当て字は、発音を利用するタイプと、意味を利用するタイプ（多くの熟字訓はその中に入る）など、多様なグループ化が可能である（詳しくは、『当て字・当て読み 漢字表現辞典』に記した「概説」を参照されたい）。これらの表記を改めてよく考えてみれば、土台がそもそも当て字であるために、当て字への当て字といえるのである。

「真面目」復権への道のり

右に列記してみた「まじめ」の「誤字」（誤表記）は、よく考えてみると当て字へのさらなる当て字といえる点が含まれていた。誤字は、きちんとした字を書こうと意図したのに、そうはならなかったという側面に着目して使われることが多い用語である。当て字は、より意図的な行為や結果を指すことがあるが、誤字と案外重なるものでもある。前ページの誤字には、

字義・語義の表記への干渉
別字の字体との混淆
別の熟語との混淆
「目《め》」と「面《メン》」との音や意味の範疇の類似による混淆
「ジ」に「面」を当てることの異例さの回避
字順への不審による転倒

などが起こっていて、ときに別の字や表記が連想のように侵入して起こっていたらしいことが、筆記結果や筆記段階の観察によってうかがえる。また、「面白い」とセットで覚えさせられたという人もいて、混乱の状況の一端が垣間見える。

「真自目」というような字体における同化現象、つまり後の字の「目」が前の字に干渉して、似た字体をもつ「自」を導き出すという、音韻面に顕著な事象になぞらえうる現象もかかわるような表記がしばしば見られた。それは、「真面目」には正式な教育機会が与えられておらず、色々な面でイレギュラーさをもつ表記を、自然に何となく覚える以上、どうしても避けがたいことであった。右記には、WEB上でも引用文や自身の文の中で、入力されているものがある。

「真地目」は、多くの読者をもつ漫画『こちら葛飾区亀有公園前派出所（こち亀）』のキャラクターの名にも、あえてであろうが見られる。「真地面」は、「真地面な（に）」と使用されているものが目に付き、もしかしたら「ま

じめんな」「まじめんに」と漢字に引っぱられてか、字面の通りに発音している人もいるのかもしれない。辞書で見たイメージや自分のイメージからこのように書いたという者もいる。「真面目」を「真」剣な「面」と「目」をしているためと解釈した、という者もいた。字義と字面から、「真剣」と何らかのかかわりを見出すことは、あながち俗解ともいえないものであった。

学生たちは、「真面目」が常用漢字表に認められていなかった表記であるにもかかわらず、以下のような記憶を語ってくれる。その際の違和感も覚えている人もいて、信憑性が高そうだ。

小学生の時に習った。

小学校・中学校の漢字ドリル・漢字練習帳で習った。

高校ではすでに漢字テストに出ていた。

塾で習った。

世の趨勢を取り入れた教員や参考書なども存在するのであろう。また、「真面目」を「幼いとき」から知っていて、ケータイでも見て覚えていたという学生もいた。「当用漢字表」に代わって内閣告示された「常用漢字表」（一九八一）は、漢字使用の「範囲」から「目安」へと性格を変え、その後にちょうどワープロやパソコンが「かな漢字変換」という技術を可能としていった。「真面目」は、手書きの時代を生き抜いて、電子情報機器の時代に入ってからも、キーボードを通して入力され続けたのである。情報時代を迎え、種々の議論を巻き起こしながら、二〇一〇年十一月に改定され、内閣告示・訓令となった「常用漢字表」の付表に、「真面目」は、ついに採用された。これについては、私の覚えている限り、少なくとも委員会内などではとくに反対もなく、すんなりと決まったことであった。そして、文部科学省は、「真面目」を小学校で教えることを決定した。挙げ足をとるような指導は、この表記にはなくなっていくことだろうし、誤記も減っていくのであろう。

「まじめ」とその表記の紆余曲折についての話は、このくらいにして、『当て字・当て読み漢字表現辞典』で取り上げた、これと関わりながらもう少しだけ語について、続けて述べていきたい。

●──「まじ」な「当て字」

ここまで、「まじめ」の表記について検討してみた。それと語形が似ていて、語義にも関連性が感じられる語に「まじ」がある。比較的若い年齢層での会話などで、「まじムカつく」、「ウソ、まじで？」など口語として出てくるその語は、文字化される際には、どのような表記がなされるのだろうか。

「まじ」は「まじめ」の短縮形だ、という有力な語源説とは別に、さまざまな語源解釈も一般に行われる。それは、多くの人にとって馴染み深い語となっていることの表れでもあるようだ。中には「まじめ」という語が、この「まじ」に「め」が付いたものと逆に解する学生もある。さらに、互いに全く別々の語だ、と思っている人も意外に多い。

このことばは、現代の学生たちもよく使う。また、年配の方から耳にすることもなくはない。私は、この語が好きか嫌いかといえば、その響きやニュアンスが好きになれず、使うことはまずないのだが、研究者としてはその存在を認めないわけにはいかない。この語を批判する向きもあるが、その場その場で相手や状況に適した言葉遣いができるのであれば、その使用は構わない。相互のコミュニケーションにとって摩擦がなく、逆に十分に円滑になるのならば否定するどころか、むしろ良いことなのでは、とも思っている。まして語や表記の現実を研究するうえでは、扱わなくてはならない素材だと考えている。

「まじ」は、「まじめ」を省略することから生じた語であると考えるのが順当であろう。これは実は江戸時代のうちに起きており、二百三十年ほど前の文献（洒落本『にゃんのことだ』天明元年）以降、しばしば出現する。天明から寛政、享和頃に、江戸の遊里でもっぱら行われた語だという（『江戸時代語辞典』）。これは、江戸時代から「本気（で）」という意味で使われ、楽屋言葉として残っていたものだったようだ。
それが、一九八〇年代ころから、テレビ番組で若手の男性タレントたちが連発するようになり、若者ことばとして盛んに使われ始めた。一九七〇年代に水谷豊が歌詞で「マジナハナシ」と歌ったことについて、その作詞家の阿木燿子氏にうかがったところ、斜に構えた若い人が使っていたように思うとのことで、（宇崎竜童が使っていたわけではなく）水谷豊が「傷だらけの天使」で演じた亨《あきら》君が言うイメージをおもちであることを教えて下さった。

表記としては、江戸時代から平仮名が多く、漢字では「不酔（まぢ・まじ）」「真地（まぢ）」と書かれた例があるにはあり、意味のとらえ方が漢字表記に現れているようだ。漢字の字義をどこまで意識したのか、字の発音だけを用いたのかは、こちらが解いていかなくてはならない。ともあれ、戦前まで、通常選ばれる表記は仮名の「まじ」であった。日本語は、漢字だけでなく、ひらがな、カタカナ、ローマ字なども表記に用いられるため、表音文字で書けばそれで済むはずだ。この「まじ」はもちろんのこと、「マジ」とも書かれる。前者は、シブがき隊の曲名にもあった（一九八四）。後者は、漢字の位置を確認するために仮名表記、ローマ字表記や記号による表記も収めた『当て字・当て読み 漢字表現辞典』に引いた例のほか、一九八二年の近藤真彦「ハイティーン・ブギ」（松本隆作詞）でもこの表記であった。今をときめくＡＫＢ48は、テレビでドラマ「マジすか学園」（二〇一〇）に主演し、その主題歌として「マジスカロックンロール」を歌っている。

同じ仮名でも少し変えて、擬古的にすることで個性を発露させるためか、女子生徒らの間では、「まぢ」や「マヂ」とも書かれることがある（歴史的仮名遣いには合致していない）。個性とは逆に、この表記を真似することでこれを共有する自己の属するグループに同化、埋没する意図もなくはなさそうだ。また何らかのキャラクターを演じることで、照れ隠しをしようとする意識も感じ取れることがある。

しかし、やはり仮名では、種々に感覚的な強意を試みてみても、「まじ」のもつ語勢や語義に匹敵しえず、しっかりと位置付けることができない、という不満が残った人もいたのであろう。この標題に用いたような漢字による、様々な当て字表記が模索されていくのである。

「本気《マジ》」の登場

「まじ」という語は、ここまで記したように、仮名では表しきれないニュアンスをもつことがあるようだ。曲名や歌詞においては、ローマ字表記にした「Maji」まで現れる。一九九七年当時、溌剌とした女子高校生であった広末涼子の清々しさを竹内まりやが読み取って、「Koi」(恋)などと揃えた表記だったのではなかろうか。これも、個別にはローマ字を覚えたての女子生徒たちによって、あちこちの手紙などで使われていたことであろう。

現在では、ケータイでも、「マジ」や「Maji」が変換候補の中に挙げられる機種が出現している。WEB上では、「MAZI」という、いわゆるヘボン式の「JI」ではなく、日本式・訓令式の綴りも多数見られる。これはあまり英語らしくはないが、「Z」という字の形のかっこよさ、アルファベットの最後を飾る文字という価値が見出されたのではなかろうか。ほかにも、どの字を大文字、小文字にするかということにも、表現上の意味をもたせるケースもあるようだ。こうした文字体系の多様性は、微妙なニュアンスによって個々を使い分けようとする日本人の繊細ともいえる意識によって支えられていることがある。そこには、世界に類を見ない臨機応変な柔軟性が感じ取れることであろう。しかし、そこに留まらない。さらに個性豊かな文字である漢字が加わってくる。字義や語義などを加えた目まぐるしいほどの多彩さは、これからである。

戦後は、当用漢字表内にあるような平易な漢字で、この「まじ」という語を何とか書き表そうとする例が現れてくる。ニュアンスの分かる漢字を選び、それを用いることで仮名表記よりもきっちりと表現し、その語の持つインパクトをしっかりと示して読む者に伝えたい、という意識を有する人々がいるのであろう。

文字や表記は、概して口頭語よりも保守性が強いといわれる。過去には、さまざまな動きがあったものの、現代では変化が止まっているかに見えることもある。しかし、この「まじ」という語では、むしろこの一世紀のうちの僅か三分の一の期間における変化は、目をみはるほど激しいものがある。文字・表記の歴史の大きな方向とは逆の動きを呈している、とも言えそうだ。

平仮名などれっきとした文字による表記がすでにあるのに、しかし実質的な意味を持つ語を、それを強調するにふさわしく漢字で、しっかりと意味や音を、それもイメージに即して表したいという要求は、良いか悪いかは別として日本の人々の中に、古くから脈々と受け継がれているかのようである。

きっちりとした漢字で意味を示し、誰でも読めるような振り仮名を添えることで実際の会話でのいきいきとした発音を示す、という二重の表現が登場する。一時否定されたルビに効用が再び認められたこととも不可分ではない。漢語の「本気《ホンキ》」は、かっちりしたイメージをまとっている。それを二字の、仮名よりも字画が複雑な漢字に凝縮しつつ、別の近い意味を持つ語をもってくることで、気持ちが立体的に伝わるというのであろう。

日本では、漫画が大人にも享受される一つの文化と目されるまで成長した。四半世紀余り前、その漫画において「まじ」という語に漢字表記が当てられ始める。『当て字・当て読み 漢字表現辞典』の帯に、漫画家の高橋留美子氏から許可を頂き、引かせていただいた漫画のコマ（一九八五）が早めの例である。前のコマには、普通の「本気」が使われている（『めぞん一刻』九巻）。

これは、若い女性の日常生活での勢いある口頭語を示しつつ、きっちりとした意味とニュアンスを伝えるべく漢字で補ったのであろう。それを描いた高橋留美子氏は、オリジナルの表記とは意識されていないということなので、自然に記されたものか、あるいはより古い使用例が落語界などにあるので、そうした用例を目にされていたのであろう。実はこの漫画は、高校時代の友人の蔵書であったもので、遺された品として頂いたものであった。単行本を読み、この実例と出逢うきっかけを与えてくれた彼に心から感謝したい。なお、芸能人の明石家さんまが造ったという話もあるようだが、証拠が見当たらない。

次いで、これを主人公の名前に用いた漫画も登場する。

●「本気《マジ》」の背景

一九八〇年代には、やはり漫画で、「本気《まじ》」を主人公の名前に用いた作品『本気《マジ》!』が登場する（一九八六）。これはそのまま題名、書名にも用いられており、その一般への影響は表記上の衝撃を伴って凄まじいものがあった。その漫画の本編では、初めのころに、「本気」と書いて「まじ」と、主役の少年がみずから名乗っているシーンがあるが、「もとき」が「本名」ともいう。私の決して好んで読んだジャンルではないけれども、事実の捕捉のために必要なので注文し、資料として読んでみた。「不良」を賛美しようとは思わないが、なるほど一部の心をとらえる作品なのだろうと思う。これは、実際に映画化もなされたほどで、多くの人々の印象にこの表記とともに刻み込まれた。

これを、「本気」という「ホンキ」との読みが安定している表記に、「まじ」という別の語形をかぶせた行為によるもの、と見るならば、当て読みとみなすことも可能である。『当て字・当て読み 漢字表現辞典』に、いくつか引用したとおり、漫画ではその後、ジャンルを超えて、しばしばこの表記が吹き出しなどコマの中に現れつづける。これを世に広めたのが漫画家の立原あゆみであったことは、だいぶ忘れられてきており、すでに一人歩きを始めているようだ。

芸能界では、とくに歌謡曲で歌詞にこれがときどき登場する。曲名では、本田里沙「本気（マジ）!」（阿久悠作詞）が一九八九年三月八日発売で早い（裏面に「本気２」もあり）。テレビのテロップ、さらに小説や雑誌にも使われるようになった。二〇一〇年には、ＡＫＢ48のドラマ「マジすか学園」でも用いられたとのこと。その使用範囲は、あらゆるメディアにわたっており、ゲームやケータイの待受画面、さらにはＴシャツにも登場する。

「まじ」と読ませる「本気」は、ＷＥＢ上でも多用されている。若者に大きな影響力をもつ中川翔子も用いており、表記の再生産と固定化に一役買っているのであろう。書名として、あるいは広告、チラシやポスター、暖簾《のれん》などにも現れるのは、よく知られていて、かつキャッチーで印象にも残りやすいという効果のためだろう。

当て字は、単にことばに漢字を当てた、というものだけではない。漢字を借りることで何かを付加して表現したい、さらに新しい表記を作ることで何かを伝えたいという意図が感じられることさえある。そこには言語外の情報や感覚まで「表記感」として盛り込もうとしているものもあるようだ。正しい、というよりも、面白い、あるいはカッコいい、カワイイといった意識にも支えられているのであろう。

中学校では、学級通信の名前になっていた、同じくクラスのスローガンになっていたという実話もあり、学校現場においても、生徒たちにある種の意欲を喚起するために浸透しつつあるようだ。ほかにも、高校の先生が言っていた、塾の先生も言っていた、と証言する学生がいる。日本では、友達同士でやりとりするような手紙でも、小学生、中学生あたりから使われていたそうだ。ある学生は、「どこで知ったかは覚えていないのに、読みや漢字はミスらずに覚えているのは不思議」と話す。先の「真面目《まじめ》」よりも「本気《まじ》」の方がいっそう浸透しているのである。

日本語学校で習ったという留学生たちもいたが、それ以前から「本気《まじ》」を知っている外国人もいるようだ。海野凪子の描く漫画オタクのフランス人ルイ君のように、日本語学校でその「知識」をつい披露してしまう留学生も現れるほどである。神田瀧夢《かんだろむ》は、アメリカのABCテレビにおいて、架空の日本のバラエティ番組「本気（まじ）で」の司会役を務めており、その番組中のセットにも「本気で　MAJIDE」とある。日本以外にも、この表記の露出は広まりつつある。

●「本気と書いて……」

さて、ここまで見てきた「本気《マジ》」という当て字は、とあるフレーズを伴うことがある。ことにこの表記が浸透した若年層において顕著だ。学生たちに「本気と書いて……？」と尋ねると、唱和するかのように「まじと読む」という勢いのある声が決まって返ってくる。

近頃、開催された模擬講義でも、群馬県の中学二年生たちが元気よくそう答えてくれた。聞けば、たいてい漫画や本に書かれていたというほか、友達や誰かが話していたことから覚えたともいう。語呂の良いこのフレーズを漫画やアニメの「クレヨンしんちゃん」で見聞きしたという声も大学生たちからは多く聞かれる。

若年層では、自己の決意を表す時などに使う「流行語」、また「決まり文句」「定説」とのことであり、「当然」のものとなっているそうだ。「刷り込まれた」とも言う。枕詞のような前置きとも、漢字と意味は合っているとも評される。「本気と書いてマジと読む」という表現を昔から使っていたので、「ずっと正しい使い方だって錯覚していました」と告白する日本の男子学生もいるくらいである。さらにWEB上では、この表現から種々のバリエーションが生じている。この表記は、「昭和世代の受け売り」と感じる学生もある。かの昭和を、明治時代などと同様に「昭和時代」と呼ぶ平成生まれの世代だ。昭和においては、たとえば永井豪の漫画『黒の獅士』一（一九七八）に、「まじに　戦《たたか》ってみたかった！」とある。その直前、直後に、「本気《ほんき》か」、「真剣勝《しんけんしょう》負《ぶ》」とある。これが本作の発表当時におけるこの語の使用状況を表すとともに、こうした用例が後の漫画などに表記上の何らかの影響を与えたという可能性も考えられよう。

なお、『当て字・当て読み 漢字表現辞典』やホームページ上の連載を引いて下さりつつ、「本気《マジ》」についての好例を示すサイトも現れている。文字や表記に関する世上での、「いろいろあるんだな」「そんなものいくらでもある」「テキトーなものだ」、あるいは「奥が深いものだ」「不思議なものだ」と言い放って事足れりとする風潮に抗い、事実を追いかけつづけることで、人々に少しでも事実に気付いてもらうための「きっかけ」となれば、と思って編纂したことは辞典の序文にも記したとおりである。さまざまな事象を掘り起こすことにより真実の解明が多くの方々の手によって、一段と進められるようになることを願っている。実際にホームページでの記事をきっかけとして古い例を提示して下さる方も現れている。

さて、「本気《マジ》」はラーメン屋などの店名にもなっている。ここまで広まった要因は先に述べた漫画の登場人物にある。加藤実秋によるミステリー小説「インディゴの夜」とそれに基づくテレビドラマに出てきた「DJ本気（maji）」も登場人物の名だが、実際に複数の子供の名前にも、すでに付けられている。

ケータイでもこうした現代の人々の広い需要に応えて、「まじ」から「本気」と変換できる機種がすでにある。こうした道具を「辞書」として絶対視する向きもあり（「憂」17ページ参照）、個々の文字や表記についての規範意識の醸成につながる可能性もある。自分のケータイは古くてそれが出ないので悲しい、という女子学生もいた。中国からの留学生は、それを電子辞書で調べてみたが読み方が分からなかったという。さらに、自分がそれを「まじ」と読めなかったことに対し、これから一生懸命勉強しなければ、と誓う、そういう中国人留学生も現れた。

●――「真剣《まじ》」の台頭、そして……

「本気」による当て字は、常用漢字表が改定された昨今においても、展開が続いている。「本気」に「ガチ」

とルビを付け、手紙に書く女子も現れたという。「ガチ」自体は古くからあった相撲用語の「ガチンコ」つまり真剣勝負の略とされる語で、近年、テレビで芸能人たちなどから耳にする頻度が急に上がった語だ。先日も、移動中、都区内のマクドナルドで昼食を済ませていた時に、男子中高生が「ガチで？　あとはマジ、ヤバイぜ」などと会話で使っているのが耳に入った。「ガチ」には「真剣」や「真面目」も表記として当てられることがあり、使い古されてきた感のある「マジ」という語に取って代わるほどになってきた。

　マジという語が、使われ続け、広まっていく中で、語感の威力が次第に弱まってきた結果のようだ。ただ、棲み分けもあるらしい。ある区内の小学六年生曰く、「ガチは本気でって意味で、マジは本当にって意味。漫画とかで、本気と書いてマジっていうのは間違っている。意味からして分かるじゃん」。友達同士では、小学生でも会話でこうした語を使っていて、世上の表記にも目が行っているのだ。この「本気」という漢字列は、右記のように別のルビを代入することで、個々に思いつく読みのようであり、今後の動向が気になるものである。

　しかし、まだまだ「まじ」という語は根強い。以前、世間を騒がせた、ゲームソフトをコピーする「マジコン」には、早速、「本気コン」という当て字がWEB上で出現した。ほかにも、アーモンドと砂糖でできた「マジパン」(marzipan)には新たに「本気パン」が生じているように、当て字がさらに別の当て字を生む結果となっている。音素の種類が少ない日本語の特徴もそうした土壌としてとらえられる。

　「本気」と当てられた漢字のために「まじ」という語のイメージが高まる一方で、「本気」のニュアンスが軽くなってしまった、と感じる学生もおり、表記が語義さえも変えてしまう可能性を示唆する。

　「まじ」には、「本気」に似ている「本当」も当てられることがある。書名にある吉川潮『芸人奇行録　本当《マジ》か冗談《シャレ》か』(一九八八)が古めの例である。「本当」と書く「まじ」については、小さい頃に聞いた、何かの本で見た、自分で思い浮かんだ、と述べる学生があり、ニュアンスが合っている、とも評される。「まじ」は通語に由来する、芸人の世界で伝えられていた用語であったことがここからも分かるであろう。
「まじ」を「真面目」の「真面」までで書き表した歌詞もある。作詞家の阿木燿子氏が水谷豊に提供した歌詞（一九七七）に見える。これは、阿木氏本人にうかがったところ（前述）では、オリジナルのようだ。歌詞で漢字に限らず表記にやはり独自の冴えを見せる桑田佳祐も、これを複数用いた。ＷＥＢでも多くの人によって使われており、個別に思いつきやすいものでもあるのだろう。

前引の『江戸時代語辞典』でも、「まじ」という項目の見出しをこの二字で表記している。さらに戦前の『言泉』は、近世の為永春水の人情本『春色梅暦《しゅんしょくうめごよみ》』（春色梅児誉美などとも）を引く際に、「しゃあしゃあ」という意味ながら「まじまじ」という語を「真面真面」と書いていた。版本（後編九齣）では、荒いセリフながらもどこか粋も感じられてしまう会話文の中で、「まじ〱」と記す箇所であり、『日本国語大辞典 第二版』はその用例文を「まじまじ」とする。『言泉』の編者である落合直文は、真面目《まじめ》の「まじ」を「まじまじとする義」と解している。現在では、ＷＥＢなどで「真面目《まじ》」や「真面目《マジ》」という表記も散見される。

「本気」などに次いで、「まじ」には「真剣」という漢字も当てられるようになる。既存の表記に対抗しているのか、細かなニュアンスを書き分けようとする方向は、同訓異字の中に見出すことができる日本の一般的な傾向だ。「真事（まこと・まじ）」の「真」という意識も関わっていようか。前に示したまじめを「真剣目」と書く学生も、あながちふざけてのことではなかったのかもしれない。

これらは、江戸時代以来の語義が次々に漢字列となって表面化してきたのだ。「まじ」には「まじめ」の語義とのズレが指摘されることがあり、私もそのように感じたものだが、それは表記以前にもっていたどこか不良っぽい語感と、語義が拡張、変化したことによるためだったのだ。

「真剣《マジ》」、そして「馬路」へ

数々のヒット曲を世に送られてきた作詞家の阿木燿子氏には、お目に掛かる前から、テレビ画面などに溢れる落ち着いた優雅な仕草と、気品ある美しい表情を陶然と拝していた。『当て字・当て読み 漢字表現辞典』の苦しい編纂過程にあった酷暑の夏の日に、NHK番組での取材で実際にお会いできた時には、さらに上品なお淑やかさと、時折お示しになるきっぱりとした厳しさが、さらに人を惹きつけるものであると知った（後に引退後の山口百恵によっても、同様の記述がなされていることに気付くことになる）。ささやかなこの辞典に対して、推薦のおことばを頂く機会に恵まれたのも僥倖であった。

その歌詞における先駆的な「真面」や、「本気」（前述）を経て生じた、「まじ」に「真剣」を当てる表記は、一九九七年の歌詞に現れる例が古いようである。それを歌ったKinKi Kidsが主演したテレビドラマでも「真剣と書いてマジと読む」というような台詞になっていたそうだ。この表記は、今でもゲームや漫画、WEBに登場する。さらに、この二字で「ほんき」と読ませる曲名も出現していた（一九八九）。『疾風《かぜ》伝説 特攻《ぶっこみ》の拓』といった「不良」が描かれた漫画でも、このたぐいを見た。

小学校で若い男の先生が、「まじ」には「まじ」「本気」「真剣」という三つの書き方があると言っていた、と男子学生が話してくれた。その学生は当時、単語の意味からすると「真剣」がいちばんしっくりきたと言う。ちょうど印刷所から『当て字・当て読み 漢字表現辞典』を届けてもらった昨日まで、辞典と名の付く本で、それを載せたものはなかったかも、と言うと、目を爛《ラン》とさせてくれた。

なお、ラーメン店には、「真風」で「まじ」と読ませるものが吉祥寺にある。沖縄の方言の「南風《ふぇーかじ》」をふまえているかのようにも見えるが、大きな国語辞書には「まぜ」という西風などを表す語のこととして、この「真風《まじ》」が載っている。「真剣《マジ》」を踏まえるところがあったのだろうか。

「まじ」には、「情熱」の二字熟語を当てる歌詞も現れた（一九八六）。これは、決して広がることはなかったが、その作品の中でキラリと光るものがあれば、それはそれで十分なのであろう。

そして、電子情報機器が爆発的に普及した時代を迎えてから、「まじ」にも新たな変化が生じた。パソコンでは、「まじ」と打ってみても、若者が求める上記のいくつもの漢字列を、候補としてなかなか挙げてはくれない。漢字表記としては、「馬路」というものだけが出る仮名漢字変換ソフトがたくさんある。ケータイも同様だった。

この二字熟語は中国語では、大通りを意味する語だが、むろん中国語とは直接の関連はない。この表記が何であるのか。

●――「馬路《マジ》」、そして……

関西のテレビ番組で、『当て字・当て読み 漢字表現辞典』からクイズ形式で、当て字の読み方を答えさせるコーナーが放送された。後で見せてもらったところ、「本気」に対しては「マジ」との答えが正解とされ、続けて「真剣」に対しては、漢字が得意との定評の与えられたタレントが「ガチ」と答えた。ところが、答えは「マジでした」と言われ、がっかりするというような場面があった。準備された解答を受け入れ、一問一答式を好むテレビらしさの感じられる一瞬であった。実際には、「真剣」で「ガチ」もWEBなどですでに現れていた。

さて、パソコンやケータイで「まじ」を変換させると漢字表記として、「馬路」しか選べない機種が多いことはすでに触れたとおりである。それらの機器を辞書のように意識する使い手によって、これが本気などを意味するマジという語の一つの表記だと解釈されたり認識されたりして、文面上で使われることが若年層で広まりつつある。「馬路」は、実は、島根県大田市仁摩町にある地名「馬路」を打つために設けられた変換候補なのであろう。ＪＲ西日本の山陰本線には馬路駅《まじえき》も存在する（なお、高知県の馬路村は「うまじむら」）。駅名に

なるくらいの地名は変換辞書に収められる傾向にある。ここは、

> 最盛期の大正期に約三千人を数えた馬路地区の人口は今では約七百人。国道九号からの交差点には信号もなく、小さな看板が立つだけ。*1

とのことだ。この人口が七百人程度ののどかな出雲の地区の名を打つための候補が、漢字表記を変換によって得ようとする一部の若者たちの希求とたまたま合致したようだ。WEB上では少なくとも二〇〇六年には使用されていた。中学の時にケータイメールでギャル文字のように皆が使っていたとの大学生の証言もある。中学生は手紙にも使うといい、WEBでは中学生のブログにも見られる。さらに小学生がプリクラに使うとテレビで放送されたとのことだ。

　このように「馬路」が本気という意味で使われていることはすでに一部で知られており、限られた範囲では非常によく使われる様子がうかがえる。ライトノベルでも「馬路《まじ》」と使うものがあるそうだ。AKB48主演のテレビドラマ「マジすか学園」(二〇一〇)では、ヤンキーばかりの「馬路須加女学園(マジ女)」が舞台となった。ライバル校は「矢場久根女子高校」であり、不良の好む当て字というイメージを前面に打ち出している。ことばに「わしが博士《はかせ》じゃ」というような「役割語」があるように、表記にも種々の「役割表記」が活用されているのだ。

　この「馬路」という二字を、さらにひねって「うまろ」と言い換える人たちも、WEB上に現れている。こうした二次的な加工はやむことなく、種々に試みられていく。いわゆるギャル文字で、「馬足各」と書く人も、やはりいる。

　話すと面白ィL馬足各で大好き×∞なノ

ケータイはもの凄い速さで普及した。ただ、変換機能は開発が間に合わなかったものもあった。「まじ」と

打つと「爻」という字が出る機種がある。易者が使うようなこの見慣れない漢字は、「まじわる」という訓義をもつために、語幹で「まじ」が変換ソフトに組み込まれていたのだ。それが何の役に立つのか、もとはむしろその場で求める表記の選択を阻害する候補の一つに過ぎないものであったのであろう。しかし、そういうものさえも、記号などの転用よりは恐らく無自覚のうちに「まじ」の表記に利用されたのである。

＊1：http://hochouki.p-kit.com/page69846.html

●――「爻」など「マジ」の最先端

「まじ」という語には、ついに「爻」という漢字まで当てられるようになった。この「コウ」と読み、易の卦《か》を構成する記号（⚊と⚋）を指し、交錯・まじわることを意味する字は、ケータイなどの変換候補で、初めて見るという者がほとんどであろう。しかし、むしろ何だか分からない、この特徴あるシンプルな字こそ、いかにも「まじ」を指すのにそれらしい形だと感じ取れるものとして、若者の一部に受け止められ、心をとらえたようだ。「〆《しめ》」のイメージとも重なった人もいるようだ。ケータイメールではこれが実際にやりとりされ、さらにWEBにも送られたり、またWEB上で打ち込まれたりするようになっている。これには、二〇〇三年の使用例も残っていた。情報機器の力が個人表記を位相表記へと押し上げる、そういう時代が到来しているのである。物理的条件が心的辞書を更新し、使用表記を決定すると見ることもできる。

「まじ」の漢字表記の試みは、この先も、よりしっくりくるニュアンスが求め続けられそうだ。「本命《マジ》カノ」と広告で使われれば、「本命《マジでヤバイ》」と手紙で使われることも生じている。「まじ」には、「心底」という表記を思いついた女子学生もいれば、「呪」や「蠱」のほうが自分の感覚に合うという女子学生もいる。広い意味での当て字は、生産性を衰えさせるどころか、今なおより心に適う新たな表現を求めて創造力を漲らせている。

ＷＥＢの掲示板などでは、「ｍｊｄ」で「まじで」と読ませる、ローマ字により子音だけを表記するものも流行っている。ヒエログリフなど古代の表記に通じる手法ともいえそうだが、まずはキーボードによる入力の経済化によるものであり、ここには口頭語の歯切れの良い口調さえも感じられようか。「ｍｊｄｓｋ」で「まじですか」もまた、用いられている。

ついにケータイでは、「まじで」と打てば、「⊙⊙!?」、「☀。☀」、「💦!!」などと、顔文字、絵文字交じりの候補が表示される機種さえも現れた。これだけを入力するとなれば象形文字への先祖返りのようだが、正確に語や意味が伝達されるのだろうか。

ここまで縷々述べてきた「マジ」の表記の動向に関して振り返ってみれば、「真面目」という表記だって、もとは頼りない存在であった。それが一人一人によって使われ続け、二百年以上の歳月を掛け、やっと二〇一〇年十一月三十日に改定された「常用漢字表」に採用されたものであった。

そうして考えた時に、これらの「マジ」の漢字表記は、単なる徒花なのであろうか。今はまだ「マジ」という語の与える印象は正式な表現という感覚が薄く、位相語だととらえられる。同時代人というものは、今となっては歴史的な貴重な発言者だが、文字に関しては一概にそうとも言えないことは、現在、話を聞いたり調べごとをしたりするにつけ、しばしば痛感するところだ。これらの表記の意義と行方については、また五十年後、あるいは百年後、二百年後の人たちに、明らかにしてもらいたい。そういう時にも、古書店や図書館などにはあるであろう本書や『当て字・当て読み 漢字表現辞典』が一つの素材となればと願っている。

●――「オグシオ」の「椋」

二〇〇八年の八月に開催された北京での五輪《オリンピック》、中国語では「奥林匹克《アオリンピーコー》運動会」（118ページ参照）では、さまざまな選手が登場し、晴れの舞台を飾っていた。スター性の強い選手も少なからず現れ、マスコミを賑わわせた。その中に、〝オグシオ〟と呼ばれるバドミントンの小椋《おぐら》久美子と潮田玲子のペアがあった。*1 大会の間、その「小椋久美子」の名は、中国語でどう発音されていたのだろうか。私はあまり熱心には観戦していなかったので、聞くことはなかったのだが、姓は中国語では各種の辞書の記載に従って恐らく「シアオ（小）・リアン」（xiao^3 liang^2）のように読まれていたのではなかろうか。この「椋」という字は、現代の中国では「椋鳥《ムクドリ》」（liang^2 niao^3）くらいにしか使わなくなっているようで、それさえもあまり知られていない。

このムクドリに対する中国語の表現は、日本から伝わった鳥名の表記によるものであろうが、この「椋《リョウ》」という漢字は、古くから中国では「むく」という木の名を表してきた。つまり「リアン」というように呼ばれる木が、ムクの木であった。その字源は、木偏と「京」からなる会意文字とも形声文字ともされる。形声文字だとすれば、さんずい（氵）の「涼」と同音で「リョウ」と読むという点から、「京」という字の上古における発音は、「gliang」（グリアン）のように子音が語頭に重なっていたものと推測される。ともあれ、日本では、「椋鳩十《むくはとじゅう》」というペンネームも児童文学などでなじみ深いものであり、「むく」という字としてよく認識されている。

さて、オグシオの「小椋」という場合には、「椋」の字を「むく」ではなく「くら」、連濁で「ぐら」と読んでいる。歌手の小椋佳《ケイ》も、芸名だそうだが同様だ。「むく」と「くら」とは、互いに全く関連を持たない語である。中国では昔から現在まで、この「椋」の字に「くら」に結びつく字義は見出せない。

実は「椋」という字を「くら」すなわち「倉」という意味で用いることは、朝鮮半島で古くに生じたものであったことが、彼の地から出土した木簡や史書の記述などから判明している（詳しくは小著『国字の位相と展開』（三省堂）を参照されたい）。漢和辞典には、「椋」における「くら」という訓義を拾い収めるものがあり、そこに「国訓」と注記することもあるのだが、これは日本製の訓義というわけではなかったのである。

地名を眺めると、東日本ではこの字自体があまり使われておらず、西日本一帯では「むく」のたぐいで読まれるものがほとんどであるが、京都では「巨椋《おぐら》（池）」などとしてなおも残存している。小椋久美子も三重県出身とのことだ。小椋姓は福島周辺に多いほかは、関西に集中している。

そもそも中国で古く、「京」（キョウ・ケイ　みやこ）という字に、「くら」という意味が派生した。そこで、意味を特化するために、中国では、「くら」が建物であることを明示するために「广」を付す字「⿸广京」も生じた。それと同じように朝鮮半島では、その材質を示す木偏が新たな部首として付加されたと考えられる（「桴」という字の影響とも言われている）。ともあれ当の朝鮮半島では、その訓義は保持されず、文献上には「⿰禾京」という禾《のぎ》偏の字体（読みはsu　ス）で、痕跡を残すにとどまっている。

「椋」の「くら」という読みは、オリンピックでの国際交流よりも遥か以前に、日本列島と朝鮮半島との人的、文化的な交流、ひいてはそれらと中国大陸との交流が東アジア世界の中で平和裡に行われていたことの名残だったのである。しかし、中国でこの字を「京《くら》」と同音で「ジン　jīng」とは読まなくなっているとすれば、それが遠い日に忘れられたままとなっている、ということなのかもしれない。

＊1：オグシオは、その後、それぞれ別のパートナーと組むこととなり、次のオリンピックなどで見ることはできなくなった。

位相表記の地域差

名古屋出身の女性が、以前、ある研究室に配置されていた「デラべっぴん」とかいう名の雑誌を見て、この「デラ」は名古屋弁からでは、と喜んで語ってくれたことも思い出した。都内の人間には、思いも寄らぬ新しい解釈だった。その後、「旅の者」として愛知県で数日間を過ごす機会があった。休暇ではなかったが、身辺の窮屈な雑事を忘れられる束の間の日々だった。しばし、そこで考えたことなどを記しておきたい。
「杁」という字は、杁ヶ池の地にもあったが貯水池に設けられた「いり」（用水路・水門）のほか、農具の「えぶり」と読まれることもある。その字を用いた山がある新潟の方からもその情報を寄せて頂いた。これは、漢字の「朳《ハツ》」が本来の字であるが、形が似ているため古くから混同されてきた。ことにＪＩＳ漢字の第２水準に、「杁」しか採用されなかったために、これで代用されることが増えたものであった。

愛知県内の大学で回収した用紙に「覚わる」と書いてきた学生がいた。最初、何かの書き損じかと思って尋ねてみたら、「覚えることができる」という意味だという。この「おぼわる」という語は、地元の方たちによると、さすがに論文などでは用いないそうだが、皆、方言だとは認識していないのだそうだ。生徒たちは作文の添削でも直されることなく、よく用いているとのことだった。よそから来た私には、その発音にフランス語のような響きさえ感じられ、何だか新鮮だ。こうした、派手さはないが「気付かない方言」が漢字交じりの表記で現れてくることがある。ＷＥＢでこれについて検索をかけてみると、やはりその辺りの地域から、方言だと気付いたといった書き込みが多く見られる。また、これは漢字変換がなかなかうまくいかなかったことと思われるが、ブログやツイッターなどで自然に使用している例も確認できる。

女子は中学生のころ、名前の後ろに付ける敬称の接尾語である「ちゃん」には「ⓒ」、「さん」には「ⓢ」、「くん」には「ⓚ」、ついでに先生には「Ｔ」や「ｔ」という表記を、手紙などに記して使っていたと語る。これらのローマ字には、小文字派、大文字派、無意識派がある。筆記経済に、かわいさや、かっこよさが加わり、使用者間の結束を強めるとなれば、もうその場面では必須のものとなる。「〜君」より「〜くん」、さらに「〜クン」の方が男子にかわいく感じさせることができるという戦略家も潜んでいる。一方、男子生徒の中には、「女子は名前の後にⓒと一々書いて、何で人の名前に著作権を主張しているのだろう」などと勘違いする人もあり、使用と受容、そこから生じる意識にはジェンダーによる違い、性差も認められる。

それらの若年女性の間で行われる位相表記は、どうやら全国共通のようだ。「それならば、「先輩」を「sp」と書くこともあるでしょう?」と念押ししてみた。しかし意外そうな笑いが起きた。先輩は「先輩」や「先パイ」などと書いていた、と述べる。「sp」の類はほとんどの人が見たことがなく、スペシャルとしか読めない、とまでいう。位相表記に地域差があるようだ。そして個人差があり、なおかつ個人でも場面差さらには大げさだが時代差があり、この全国での状況は共時的にはとらえにくいのかもしれない。首都圏の女子学生でも知らない者はいる。「ⓢ」で先輩を表したという女子もいた。私よりも上の世代では、先輩と読ませる「sp」をやはり知らないと話す人がいた。そうしたもの全体の流行に、世代ごとに変化が起きるのは当然のことである。

もしかしたら、東京でも、今では「sp」は中高生の間で古くなったのだろうか。いや、筆記経済の観点からは、煩瑣でよく使うものは簡易化され、一度略されればほぼそのまま定着し、しかもそれがお洒落でかわいい、かっこいいものとして共有されれば、愛用されていく傾向があるものだ。時代差も関わるのかと気になってきたが、関東ではやはり健在であることが帰京後に確かめられた。

●——位相表記の現在

中国の湖南省南部に伝わる「女文字」(女書)についての意義深い集いにうかがった。その地では、以前、若い娘たちが義理の姉妹となる約束をして、彼女たちの間で通じる独特の表音文字を用いていた。中国語の方言を記し、生活上の苦しみ、別れの辛さなどを女性同士で伝え合ったものだ。漢字に由来するものもあるが、刺繍に適したような菱形の個性的な文字であり、七十年以上前に祖母(清朝末期の生まれであろう)から指でその文字を教わり、木の棒で地面に書いて覚えた、という事実上最後の伝承者の女性の肉筆を拝見できた。そこに込められた思いの一端に触れられたような気がした。
だいぶ環境は異なるが日本でも、女子には友達と数人のグループを形成する傾向がうかがえる。そこでは独特な文字・表記が発達しがちである。「へ」に「〃」を貫く平仮名「〆」は、後に触れるように、すでに戦前から女学校で書かれていたそうだ。

二人で一つ、というほど仲良しな様子をお互いに確認し、それを表明するために、「2娘1」と書いて「にこいち」と読ませることが流行していると、愛知の女子学生たちが言う。「娘」を「こ」と読ませるのは意外と古くからあり「訓読み」といえなくもないが、それをうまく取り入れている。人数に合わせて「3娘1」で「さんこいち」などというものもあるそうで、プリクラにも記されるとのことだ。

これも以前、少なくとも首都圏辺りでは「02娘01」と、二桁にも対応できるようになのか一見不要な「0」が添えられていた。しかも、「0」の中にスラッシュのような斜線（／や＼）が書き込まれ、「Ø」「Ø」となっていて、いかにもコンピューターの時代という趣があった。しかし、局地的に、あるいは全国的に、この「0」はなくなる方向に変わってきたのだろうか。よく書かれるうちに筆記経済が求められた可能性がある。

このようなものに地域差が現実にあるとすると、その原因は何に求められるだろう。こうした表記の発信源の一つであるファッション雑誌、たとえば『Hana*chu→』（ハナチュー）の売れ行きに、地域によって差があったのだろうか。あるいは、プリクラ（プリ機）の機種に地区による違いがあり、初めから搭載されている表記法に違いがあって、機械的な制約が使用表記に影響を与えているのかなど、検証してみたくなってくる。ただ、関東でも「2娘1」が多くなってきていることがわかってきた。一方、「2個1」「二仔一」「弐虎壱」などバリエーションは十種を超えている。

「バイ^2」「いろ^2」「毎日^2」など、繰り返し記号の働きを代行する「二乗マーク」は、一九八四年に、歌手の小泉今日子のロゴマークとして現れた「Kyon^2」から、一気に若年層やマスメディアに広まったものであった。これに関しては、都内の女子大学の職に就いた時に、その記録の意味も込め、位相的なくり返し符号と位置づけてひっそりと文章にしたことがあった。これはその後、「いろ$^{\times 2}$」「いろ②」などと「進化」を遂げ、近年では、やはりスラッシュ入りの「0」を加え、「いろ02」のように姿を変えていた。一人の中でも三通り四通りと変化を遂げることもあり、小さな日本語（位相）表記史を体現していることがある。名古屋辺りでも同様だそうだ。

ペンで字を書いている時、人はどうしても書き間違いを起こす。鉛筆やシャープペンシルではなく、インクを使っている際にその字を直す必要に迫られれば、修正テープ（修正機（器）なる表現は修正液との混淆か）などがなかったり、急いでいたりすると、男子はグシャグシャに黒く塗りつぶしがちだ。古来、誤った字を修正する時に行われてきた方法である。二本線などで消す「見せ消ち」のようなことも行われている。

女子は、友達への手紙の類であれば、その形態に装飾性を帯びさせることが多い。まずは線で上から長細めの●（黒丸）や▼を作るように抹消する。ただ、丁寧な円形ではなくギザギザした粗い横線の集合である。ここまでは昔とそう変わらない。その後に、その塗抹の上か下に、まん丸の目玉「⊙」を二つ並べて描き添えて、ミノムシや毛虫のようなものに仕上げる。そうすると、汚い書き損じも、かわいらしく感じられるようになるそうだ。むろん古書の書蠹《しょと》（紙魚《しみ》）や虫損《ちゅうそん》などとは縁のない層だ。それに各々で名前を付けてあげている人たちもいる。○印や×印にさえなかなか名称を定着させない韓国（164ページ参照）とは、そうした一種の符号類への思い入れ方が違っているのだろう。

このミノムシ風の抹消方法もまた、愛知県辺りでも共通なのだそうだ。ただ、首都圏内などでしばしば現れる東京ディズニーランドのミッキーマウスのようにはあまり仕立て上げないようだ。見たことのないカニの姿に仕上げたものなど、いくつかの独特な形が新鮮に映った。

このように位相表記にも、地域差や時代差が見出せることもある。アラビア数字や記号など、国語科の規範の希薄な位相的な表記だからこそ、漢字などよりも一層移ろいやすいのであろう。

●——「腐」の字嫌いの拡大と他の漢字圏

「豆腐」を「豆富」と表記することについて、気付いていない人が案外多い。東京でも「くさる」を「とむ」に替えた「豆富」や、それを異体字に換えた「豆冨」は、スーパーや商店で、ときどき見掛けるようになっている。特に居酒屋などチェーン店のメニューでは、それらが席巻した感がある。

ただ、薄暗い飲み屋で、酔った眼ではそういうものをじっくりと読み込むこともなかろう。注文を決めるための行為は、商品の写真や金額に目が向かい、表記に込められた作家の繊細な意図まで読み取ろうとするような小説の熟読とは目的が大いに違うこともあって、そうした表記が見過ごされることになるのだろう。気づいても、しゃれと流せるような場面でもあるためか、意外と印象に残っていないという人が多いのだ。

むろん酔眼ではなくとも、「見れども見えず」の状態となっているのは、人が文脈を眺めつつ、一目で文字列を大づかみに理解し（字の込み入り方はさほど劇的には変化していない）、一つの語として意味を取っているためであり、それ自体は悪いことでも何でもない。子供の一字一字を粒々と読んでいた時を思い起こすとよい。ただ、なまじ文字の違いに気が付いて、「豆富」は「豆腐」とは全く別の品だろうと思い込んでいる人も現れているので、せっかくの注文の機会を逸してしまうなんてことも起こる。マーケティングではきっとここまで検討されるのだろう。

覇

⊕13

都

⊕14

さすがに店を代表する看板に、大きく記す店名にまで用いようとは、島根県外ではあまりならないようだ。島根県の松江を歩くと「豆富」が街なかにいくつも見つかった。

近ごろ、国立国語研究所の所員で松江出身の方に興味深いお話をうかがえた。氏は子供の頃、「トウフ」は「豆富」と書くと思い込んでいて、実際にそう書いていたという。教科書で「豆腐」という表記を見た時、なぜかと思ったという。松江市内で、まだパックに入ったとうふなど売っていなかった当時、とうふ屋までとうふを買いに行っていたという。水槽の中で掌の上に載せて切り、僅かに角を崩しながら水中から巧みに掬う情景が目に浮かぶ。そうした表記と接触する機会の多い地理的に特色のある生活環境のなせるわざだ。理解表記の使用表記への遷移は自然に起こる。母上もどうして「くさる」なんだと、その「腐」の字について語っていらしたという。

「那覇」「京都」などの地名の文字には、地元で多用されることによって訛語のように字体が「覇」(⊕13)「都」(⊕14)へと簡略化する現象があるのだが、やはりこうした、方言に喩えると俚言のごとき文字の方が一般には気づかれやすいのかもしれない。

「豆腐」と「納豆」は、名前だけが入れ替わったものだという俗説の流布も、この字面にある「腐」への着眼の結果であろう。中国では「腐」に、やわらかい、ぶよぶよした、といった字義が生じていたともいわれる。一般の辞書には、「くさる」といった意味しか掲げられておらず、もし腐敗の意味を含まない用法による名称だとしても、それは原義から派生した結果か、比喩的に転用された結果なのであろう。

中国では、司馬遷が受けたあの「腐刑」としてさえもこの字が用いられた。それも意味は別であったとも語られることがあるが、ともあれ日本における上記のような漢字へのこだわりが中国で「豆腐」に発揮されることはなさそうだ。四川料理の「麻婆豆腐」(地元での発音はマーポドウフーに近い)も、本場ではそのままで、「豆富」

は流行らない。現代の中国の人々は、そうした文字よりも先に「トウフ dou^{4}fu」という語のほうを会話の中で耳から覚えるわけである。その発音に後から漢字をかぶせる、という感じのようだ。そのためもあって、概して漢字というものをまずは中国語の発音を表す文字として、とらえようとする傾向がある。日本人が目にずいぶんと頼り、字義や字の醸成する雰囲気をかなり重視することと大きな違いがあるように感じられる。かつては泉鏡花も潔癖症から「腐」を嫌い、「豆府」と小説に書いていた。「豆ふ」「豆フ」という交ぜ書きも店名などに見られる。日本では、「婦女子」を基に「腐女子」という用語もアニメ好きなどの間で広まっているのは、こうした点から見るとよほどのことであり、半ば自虐を込めての表現と見るべきなのであろう。

沖縄料理の「豆腐餻《よう》」では「富」に替えた新しい表記はあまり広まってはいない。また、韓国料理の「豆腐(두부 トゥブ)チゲ(찌개 鍋料理)」も、韓国内では、そもそもまずはハングル表記となっており、他の多くの語と同じように「ブ」(プ)とはどういう意味の語なのかという分析もなされなくなってきていることだろう。そして漢字で書くこと自体が稀となっている中で、仮に書こうとした時があっても同様であろう。なお、ベトナムでも「Đậu phụ」(ダウフ)として豆腐が食されているが、状況は似ていると考えられる。

それどころか、中国では発酵によって発せられるその特有の「におい」で有名な「臭《チョウ》豆腐」、水気と柔らかさが特徴の「豆腐脳《ナオ》」など、より直接的、即物的ともいえる語を表す漢字と組み合わせた名の食品が販売されている。それについて地元の人々に聞いてみると、そのストレートなネーミングにも漢字列にも何の違和感も感じられないのだそうだ。彼の国では概して明確な発想と表現が好まれており、それは良い悪いではなく、文化の根底にある部分のもつ差の一つの現れといえよう。そして漢字の意味よりも音が日常では重視されていくのである。

ただし、とうふではなく、ワインならばどうだろう。「貴腐ワイン」と記せば、「貴富ワイン」などとせずとも、前の佳字と後ろのカタカナ表記の語の効果が醸造のイメージとも重なり、マイナスイメージはすっかり打ち消され、逆に高級感すら感じ取れないだろうか。そう思ったところ、「貴富ワイン」という表記も、語源を知ってか知らずか現れ始めている。「富貴」（フキ・フウキ・フッキ）を逆にしたかのようだ。

食品に過多に添加される防腐剤が問題になっているとも聞く。日本では、「腐」を避けることによる表記の変化は、まだまだ止まらないようだ。

●「サンタさんへ」：「へ」に点々？

小学校高学年の男児が、平仮名の「へ」の右側の部分に「〃」を交差させて「〆」と書いていた。友達への手紙の宛名でのことだ。聞けば、十歳前後になるクラスの女子が手紙などでそう書いているからという。漢字の位置を浮き立たせ、相対化させるために、ひらがなについても扱っていきたい。

親が教えたことがすべてであったころは、遥か昔になってしまう。子供ながらに、親や教員など大人だけでなく、友達や漫画などの影響を共有する自分の文字社会ともいうべきものを持つようになるようだ。この宛名に付く助詞「へ」の「〆」という書き方は、私が小学生の頃にも見たことがある。懐かしさが出る気がするので、今でもたまに使うという女子学生もいる。

これは、教科書にも辞書にも新聞にも、載ることはまずない。いわゆる変体仮名として位置付けられたこともない。しかし、確かに世の中には存在しているのであって、実は性別や年齢で区切られる集団によって使用に傾向性が存在する位相文字としてとらえ

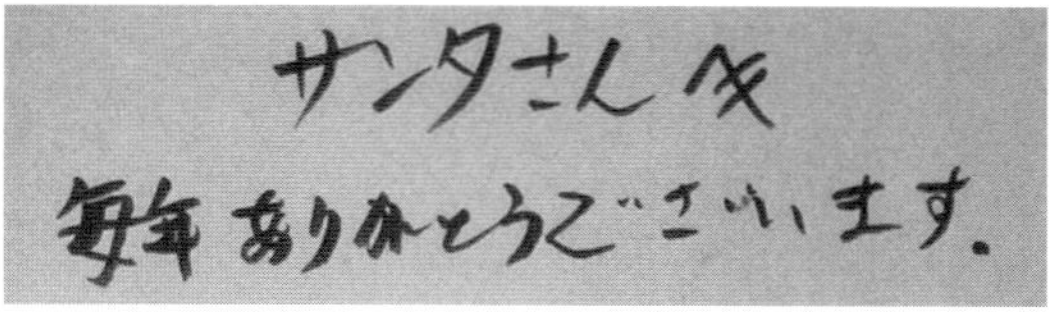

ることができる。そば屋などに貼ってある芸能人や作家などのサイン色紙にも、縦書きでも横書きでも、宛名の後に同様に記されていることがある。この場合には成人男性であっても用いるのは、筆記素材・内容を含めた場面や媒体というまた位相の一種が影響した結果であろう。

　この形の平仮名（カタカナにもこの形があったのだろうか）は、いつごろから現れたものなのか。こういう深い意味が意識されない素朴な現象は、実はなかなか答えを見つけにくい。友達へ回す気軽な手紙などというものは、博物館にも通常は収蔵されないだろうし、即座に、あるいは何かの折に当事者によって処分されてしまうもののようだ。文字霊《だま》を発揮させる願いや呪いを込めた相合傘や、「へのへのもへじ」（「へへののもへの」などとも）のような落書きなどに用いられる文字絵のたぐいのほうが、まだ江戸時代などの記録がいくつか残っていて、その来歴がある程度まで辿れる。こうして、細かなことを交えつつ縷々本書に書きつけているのにも、実はそうした事柄を何とか記録に残しておきたいという気持ちがそうさせているという点もある。

　人生の先輩の方々と向かい合うひと時も、真実を捉える上での大切な経験となる。その形の「べ」は、「相手に失礼になるので、使いません」という意見をいただいた。若年層の特に女子にも、そう聞いたという者がある一方で、渡す相手を見て、飾りとして親愛の情を込めることがあるそうだ。なるほど、ただの勢いで加えていたら、そう広まるものではないだろう。「〃」の部分を「♡（ハートマーク）」に換えて「べ」と書かれることもある。確かに、ハートのような記号的な感じで「べ」を使用していたという女子もいた。そうしたなかばデコレーションとしてのアイテムではなく、漫画で描かれる表情の影響なのか、頬が赤く照れている感じを描いていると感じる人も意外といて、遊びを超えて主に告白に用いる、キスマークに当たるとまで邪推を及ぼす男子もいる。絵文字のハートマークも、男子には思いが倍加され、曲解される傾向があるので、要注意かもしれない。

アクセント、アクセサリーだけに「〆」のように一本だけでワンポイントということなのか、「〃」を「ノ」とする人もある。何も考えずにただ流行にのっただけという人もいれば、相手に届ける、切手のような役割という意味を伝えたくて、という女子学生の声もある。その人のためだけに、という意味だったのかな、と改めて思いかえす人はやはり女子であった。友人としての感謝とか、特定のあなたに限定で送るという感じとか、敬意、丁寧さを表すとかいう声もあった。

ただ、「〃」の部分に込められた思いは様々なようだ。小学生も高学年になるころから中学生になるころには、校内で怪しげな噂も飛び出す。「〆」は、好きな人、親密な人にではなく、縁を切りたいくらいに嫌いな人に対して書くものだ、さらに「〃」は包丁の形だと。私もそのくらいの歳のころ、クラスで聞いたことがある。驚いて信じる人が多い中でひねくれていたのか、そんなのは後から考えられた、意外性を求めたへそ曲がりによる嘘だ、というように思ったものだ。しかし中には、宛名の「へ」に「〃」が二本どころか十本くらい書かれた「〆」というようなものが送られてきて、落ち込んでしまったという、トラウマのようになっている男子もいた。「〃」は同じという意味をもつ繰り返しの記号「〃」だと思う人は稀である。「へ」の「〃」の上部にハートマークを載せて、それが白抜きの「♡」であれば好意、黒く塗りつぶした「♥」であれば敵意を込めていたという女子もいる。たいへんな手間で、なにか陰湿にも思えてくる。「〃」が「↙↙」と矢印になれば、天使の矢のようなものをイメージして使う者も出てきた。

ともあれ、その他者への宛名に付けられる、呼びかけのような助詞の部分に対する、もっともらしい風評を契機に、キライな人への「絶交」の意や、もっとひどい、この世からいなくなってほしいという呪いにも似た感情などは抱いていないとして、この字から卒業していく者もある。「Dear　○○」など、少女たちにとっては古くささのない斬新で、洋風に背伸びしたオシャレをアピールできる表現も身に付いてきて、そちらへの修飾に執心するようになっていく。

つまり、「〆」は、プラスとマイナスと両方の正反対ともいえる意識が根底にありうるために、両極端の意味が併存してしまうものとなっているのである。

「へ」に加筆することで、手間をかけたぶん丁寧な気持ちが表しうる。ある女子小学生は、「へ」では大人っぽくってつまらない感じがして、必ずそう書いていた。やわらかくしたくて、何でもいいから加えたのではないか、ともいう。「拝啓」などの代わりの簡単な表現だと考える学生もいる。

「へ」が右下がりになるので、不幸せを願っているようで失礼だし、縁起が悪いので足したのでは、ともいうが、左側へであっても下へと下がることには差がない。右下がりは縁起が悪いので、ここでストップという感じでチョンチョンを入れるという女子もいる。言霊《だま》ならぬ文字霊《だま》信仰をもつ人はまだいるのであって、縁起字（「豆富」77ページ参照）という意識は一部でなおも健在のようだ。

「文字のかわいらしさ」や「イケてる」感は、時代時代で微妙に移ろうが、時代ごとにそれを生み出す「自分のかわいさ」、「かっこよさ」にもつながる。受け取る側も、一般的な手紙のそれと異なるものを見て気が惹かれ、チャーミングでもあるそれを価値観とともに共有することで、互いに愛着を強め、グループ内での仲間意識も同時に固められる。

一方、仲を断つ縁切りは、その通常の文字の線を、鋭くもしっかりと切断しようとするように見える形から生まれた寓意であり、そもそも風聞を信じこみやすい日本人のうちでも、人間関係の機微を味わい、残酷さをもつ思春期の少女が、その働きを足を掬うかのように意外で極端な方向へと、変質させたものであろう。使者への手紙に用いる、ついには使うと書かれた方が死んでしまうので不吉、縁起が悪いとまで説かれるようになる。都市伝説の発祥とかかわる点も見てとれそうだ。

●——年賀状の「様」にも点々？

年賀状がない正月はどこかしら物足りなかった。たくさんの枚数を書くのは年々辛くなってきたが、仕事の話ではない文面やほほえましい写真などには安らぐ心地がする。ある年、正月早々に出かけることがあって、暮れのうちに郵便局から届けてもらった時に、読んで不思議と興が醒めたのは、やはりまさにその瞬間のものだからなのだろう。先に記した「〆」に共通するものとして、「様」という漢字の末画である右はらいにも、「〃」のような線が貫くことがある。この「様」も、若年女性に顕著であるが、「〆」よりも若干年齢層が高いようにも思える。「〆」と同様に字面を飾ろうとする着想によるものであろう。この「様」に付される「〃」の部分も、装飾以上に明確な意図を込めたサインとして、「♡（ハートマーク）」で代行されることがある。ただ、ハートのもつ意味合いは必ずしも強い感情とは限らない。

年賀状でも、宛名の印刷ソフトが普及し、個性の滲み出る手書きは少数派になってきた。我が家も、暮れの仕事の増加に追われてついに手書きを断念し、氏名などをソフトに打ち込んでしまった。そうした機材を用いると、「様」の字体に、旧字体はともかく、伝統をもつ異体字や、個人の覚え間違いや書き間違いによる個性を伴ったときに味のある字体（いわゆる誤字）などは、もうほとんど現れなくなっている。

室町時代には、宛名の敬称に使われる「殿」の字体・書体や、漢字かひらがなかという文字体系の違いによる格付けが発達した。江戸時代に至ると、「様」は「永ざま」とその字体を称して目上の人に用いる、そして「次さま」（様　以下、「さま」は「ざま」と濁ることもある）、「水さま」（様）、「美さま」「平さま」「蹲《つくばい》さま」は云々、などと崩し字を含めて細々と言いだす。文字列として読む際の発音は、いずれも「…（氏名）さま」で、全く同じであるが、視覚による待遇表現が儒教的な身分制社会の中で発達した。

そこでは、仮名よりは漢字を、漢字でも崩し字よりは楷書体を、楷書体でも略字体よりは正字体をという、より本来性の高いもの、厳密なものを上位とみる意識のほかに、手間のかかるものを心配りとみて良しとするような、人間関係をより潤滑化する礼儀作法一般に通じる意識も読み取れよう。手紙などで、文字は丁寧に、とくに相手の名は大きく、そして他の文字よりも先に、上に書くほど敬意を表しうることなどにも、音声による表現と共通する性質を見出すことも可能であろう。

メールでは、「様」ではキツいといって、「さま」とひらがなに開かれることが多い。若年層の特に女子の間では、かねてより「サマ」、さらには「sama」などとも「かわいらしく」、「女の子っぽく」書かれることがあった。

年末年始の恒例行事となっていた年賀状ではあるが、手書きが年々減少するばかりか、「あけおめ」メールで済ます、そもそも何も出さないという風潮も強まってきた。それでも、なおかつ量産される「様」の字の種々相からは、漢字の位相を感じ取ることがまだできないだろうか。

「〃」に戻ると、台湾では、「○先生收」（「収」の旧字体）の「收」の末画に「〃」が「收」と貫くような例が若い人にある。日本の「〆」からの間接的な影響の結果と思われるが、近年のことかどうかが気になる。また、日本では女性が多用する「♡」（ハートマーク）それ自体にも、右下の部分を貫いて「〃」が付けられるファンシーな「♡」が丸文字全盛期に流行ったが、やはり「〆」と同趣なのではなかろうか。「様」も右下の「く」のような筆画が折れて、さらに左下にはらう「様」という書き方も一部で流行っている。そこにもやはり「〃」という形が貫く「様」がある。さらに、「!」やその籠字（「・」の部分や全体を膨らませた形で「!」「!」、白抜きというべきか）にも「!」「!」など類似の例がある。

これらに共通するのは、文末に来ることがほとんどだという点である。「…様〜」と、「へ」と「様」が連続する時には、たいてい「様」のほうではなく「へ」に「〃」が移動して付される。数学の証明問題や、英文の手紙などでは、解答や文章の末尾に、ここで終わりだという意味を込めて、同様に「〃」のような印が記されることがある。「へ」で終わるということに不自然さが感じられることもあるようで、句点などの記号は明示的に付けにくかった宛名の終わりや、話を書き始める本文へ移る、スラッシュのような区切りといった機能をもつ記号が、その「へ」に応用された可能性も考えられる。

封じ目に記す「〆」は、もとは線にすぎなかったものだが、現在では「×」印とも認識されており、そのような形でも記される。最後に「しめる」という点で、「へ̸」との共通性を指摘する学生も多い。誰にも言わないでね、という意味を込めていたか、と述懐する女子の心理とも関わるだろうか。ただ、「〆」よりも、かつての開かれないものとしての「$\sqrt{3}$」「蕾」など封じ目はすっかり忘れられている。一方、「へ̸」を見たことがないという学生は一部の男子を除けばまれであり、それについての諸案、諸説を紹介してみよう。

「点々」のもつ意味

「へ」や「様」という文字や「♡（ハートマーク）」には、右に掲げたように点々という記号が付されることがある。「！」（イクスクラメーション・びっくりマーク）にも、同様に「＝」のような二つの線が書かれる「ǂ」のようになることがあった。やはり文末の句読点のごとき役目を、この点々のたぐいが兼ねている可能性が考えられる。「。」の後に「・」を打つように書き添える癖をもつ人も結構見られる。

「へ̸」は、手紙や色紙のたぐいで、「…宛」という意味で用いられることが多い。すでに触れたとおり女性に多いが、色紙では男性もよく用いるという位相に特色があるケースである。名前の部分や「君」などの敬称、ひいては文章の部分を注目させるとともに、それらと区別し、機能を特定する記号としての役割も負わされているようだ。誰宛の手紙かということが一瞬で認識できるのである。相手のところに、ちょうど止まるような意味をもつイメージがあったという意見も出た。間違いありません、という確認や念押しの意味を見出す女子もいる。「御中」

のような意味のほか、「へ」では失礼なので、手紙で行われる二重線で自分宛の「様」「御」を消すかのように「〃」で取り消している、という待遇表現を兼ねた見せ消ちのようなとらえ方もなされている。人々の間で、それに対する解釈は、こうした例のように種々に行われており、新しいところでは、「バイバイ」と手を振る絵文字の右に付される漫画風の動線（motion lines）やブレのような線「〃」と重なる気もするとの指摘も聞かれる。

　また、簡易すぎる字面が寂しく、「間抜け」に見えてしまう欠点を補う働きも見出される。無愛想とか素っ気なく感じられてはいけないという。「へ」が「屁」に通じてしまうことも、連想や同音衝突の観点から間抜けではあった。また、しまりを与えるという点では86ページに触れた「〆《しめ》」とも関連してくる。漢字でもバランスが取りにくかったり、字画が物足りなかったりする字体には、「捨て点」や「補空」が加えられることがあった。たとえば「人」に「〃」が加えられて「人〃」となるといった異体字の一群である（隷書の昔から現れる。ただし、それは「仁」によるという見方など、もとは別字だったとの説も江戸時代には唱えられている）。

「文」という漢字にも、「彡」が加えられた「文〃」という字があるなど、類例も挙げられる。『誹風柳多留』（第二十四編まで）では、「文」と、「文」に「〃」とさらに右下に「、」が加わった崩し字は、「ふみ」という和語で読むべき例の表記だけに使われているという（前田富祺「川柳の漢字」『漢字講座』七）。見栄えばかりの話ではなさそうで、読みを字形で分担していたようだ。こうした「ふみ」の字や、手紙には「〃」を足すという習慣も、かつて手紙での「へ」の形に、影響を与えたという可能性も押さえておきたい。

　この「へ〃」という一つの事象が広く定着したのには、まだほかにも種々の要因が絡まり合っていたことが想像される。「へ」では、助詞の「e」ではなく、カタカナの「ヘ」（現在では多くの文章で「he」と発音する際にだけ使われている）とも読み間違えられかねない。そして、前述のように「屁」に通じかねないので避けたい、という意識もあり、実際にあえて「江」が使用される場合もある（江戸の町火消しに「へ組」がなかったことも有名だ)。「〆」は、「え」や「江」の字形から変化したものか、その「エ」が三画なので、「へ」も三画にしたのかな、という推測まで見られる。先の縁切りではないが、「〃」で音を半分に断裁するというイメージを抱く者もある。「その文字の本来の意味を一度消す」とか、「へ〈の手紙〉」「へ〈向けて・宛てて〉」などの細かい文句を省略した記号とみなす意見と通じる点があろう。何かの変形といえば、「心」という字の変形と見る意見も複数あり、文字に深い意味を求めようとする日本人の精神性をここでも見た思いがする。

「へ」を表音的に「え」と記し、その「え」の末尾にやはり「〃」を貫いてみたり、「ゑ」(これはここでは濁音符ではない)としてみたり、女子ではグループごとに種々の応用がなされる。こうすることで、確かに宛名との切れ目が明確にもなり、見分けやすくならないこともない。ひらがなの「へ」とそっくりなカタカナの「へ」や、記号の「〜」「ー」(伸ばし棒と呼ばれている)など、別の字や記号と横書きで弁別するために付けられた、いわば示差的特徴として認識されることもある。「0」「7」「Z」などに「／」「＼」などの点画が加わるのと同様にしつつ、宛先として目立たせるというのだ。

先に触れた人生の先輩たちに、都内の小学校の跡地でお話をする際には、こちらも教わることが少なからずある。せめて双方向の授業をと心掛ける中で、年配の女性から、新潟の「田舎」の女学校で、六十年くらい前に「○○様〆」としたためることがすでに流行していた、という記憶を語っていただいた。これには、脈々と受け継がれているこの字のことがだいぶ分かったような気がして、とても感激した。「たわいもないことでした」と、理由も特に意識されていなかったそうだが、女子は今日のケータイメールに至るまで、さまざまな身の回りのものと同様に、文字をも飾り、ニュアンスを加えようとする傾向が続いていたのだ。これを聞いて、ほかの方にもうかがってみると、なるほどその頃にはあちこちで見られたそうだ。

戦後間もなく、あるいは大正期辺りの女学生であれば、書道も欧文も、ある程度まで嗜みとしても習っていて、古来の伝統についての教養も今よりは概して高く、舶来の事物への憧れもすでにあったことであろう。字を飾り、書き手も粧う。美化語ならぬ「美化字」と呼べそうだ。そこで、この流行が始まったという可能性も感じている。そもそも「ノノ点」と呼ばれる繰り返し記号「〃」も、東洋の「＝」（々の祖形）やその崩し「こ」（さらに「ヒ」「ヽ」などとなる）のたぐいと、西洋の「〃」との影響を受けて、日本で発展したものなのでは、と私は考えている。江戸時代には、「同」に由来するものか日本独自の「ハ」のような形の記号がお家流で縦書きに記された文書の中で、右行を受けて反復させるために、一般的に使われていた。「〝 〟」というほぼ縦書きでのみ使われる引用符もまた同様なのではなかろうか。

右記の理由のうちで、実際にいくつかが複合していたことが考えられるが、この「〆」という字が生まれた瞬間、そして広まりはじめた時には、それはどこまで意識されていたのだろう。あるいは、何となく感得できるものがあっただけで十分な、軽い存在だったのかもしれない。現代の女子生徒の使う「因好き」（大に囗《しかく》を付けたという）と共通点も見えてくる。

縦書きで記された六十年以上前のそれらの手紙は、どこかに一通でも残っていないだろうか。あるとすれば、図書館や博物館、各種の資料館よりも個々の家庭だろう。歴史の闇に埋もれさせてはならない、という思いがする。文字コードの関係によってパソコンでは、この「〆」はふつう打てない。紙と違って画面上では、ほとんど需要がないのであろう。この先、筆記媒体がさらに移り変わっていくなかで、「〆」は、どういう意味を意識されながら、どのような人々の間で、いつまで伝承されていくのかも、追いかけ続けていきたい。

幻の「数字」

銀行を目指して「就活」する学生は少なくない。めでたく就職していった卒業生の話を聞くと、銀行員になると、研修でまずは「行員としての数字」が手できちんと書けなければならないと教わり、お手本の数字を元に、何時間もひたすら書き取り練習をさせられ、そのプロとしての確固たる数字の形が身に付くのだという。半期ごとに、千名を超える受講生の採点のために、数字を自己流に、それさえも乱れがちな形で書いている身には、耳が痛い話だ。

先に、子供のころに見て以来、失われていた記事との巡り逢いについて記したが(28〜32ページ)、もう二度と見つけることはできないだろう、と諦めているものもある。その一つが、銀行の数字の形に関する一、二ページの記載である。切り取っておけば良かったと後悔しているが、それを見たのは小学生のころだったのかもしれない。新聞社か銀行の広報誌やパンフレットだったか、無料で配布される薄く小さな冊子だったような覚えがある。小中学生の頃に住んでいた家の中で開いたその何かには、大手の銀行ごとに決められているというアラビア数字の書き方が表になって対比されていた。簡単な説明も、確か縦書きでなされていた。

そこには、信用金庫や郵便局のたぐいの数字まで示されていたようにも思える。証券会社のそれもあったかもしれない。そうした金融機関ごとに数字の書き方、形が少しずつ微妙に違っている、という説明が記されており、「本当にそのとおりになんて書けるものなのかな」などと、ひねくれつつも素朴に思った。ともあれその冊子は、図書館に入れてもらえるような書籍でも、誰かが「お宝」として保存してくれているような「おまけ」のたぐいでもなかったと思う。

これは、社会的な属性による字形の差の典型であり、後に用語として使うことになった「位相文字」のうちの位相(的)字形そのものともいえる。小学生の時といえば、社会科見学で、郵便ハガキが全自動で読み取られ、地区ごとに振り分けられている機械を見て驚愕したものだった。そのような時代であり、そうした新規のシステムとも関係して、数字の字形が注目されていたのかもしれない。

きっとそれは一九七〇年代末のことだったのであろう。高度経済成長期に続く安定成長期にあった当時、定期預金は利率が7%を超えるようなものであって、子供ながらに僅かな小遣いやお年玉を預貯金に入れることは楽しみであった。今の、普通預金では逆に手数料を取られかねないともいうような超低金利時代には信じがたいことである。銀行という建物や行員は、子供の目から見ても光り輝いていた。一つ一つの銀行にしっかりとしたカラーが感じられ、大金と数字を大型のコンピューターできちんと管理しているさまは大層立派に感じられた。かつての銀行では、お金を少しでも預けに行けば、窓口や係の人が貯金箱やタオルなど土産を何か必ず手渡してくれ、それが楽しみであった。また、電車も冷房車が珍しい時代であり、夏の暑い日には、クーラーが効いているフロアーは実に快適だった。まだ、我が家では扇風機しかない時代だったため、その清らかで涼しい大企業に涼みにだけ入ったことも確かあったような気がする。

前に記した、銀行ごとの数字が対比された記事で、伝統や慣習に裏打ちされた個々の金融機関の誇りのようなものさえも、それぞれの数字の形を通して読み取れた気がしたのかもしれない。

その後、軒を競っていたそれらの銀行が次々と統廃合された。大手証券会社も廃業し、郵便局までも民営化された。その結果、今、数字の字形の差はいったいどうなっているのだろう。次々と起こった合併や倒産などは、「昭和時代」を夢の如く思わせるほどの苛烈さで、破綻し預金者に負担を強いる状況まで生みだした。そうした中で、全体の字形差の幅が小さくなったことだけは想像できるし、頑張れば現状は捕捉できるのだろうが、三十年ほど前に定められていた数字の形の実際は復元できるものだろうか。

数字の形について、各国から来た留学生たちに尋ねてみると、「1」「2」「7」など外国と日本とではだいぶ違っている。外国同士でもまた差がある。しかし、何よりも国内における公的な機関同士であっても、かつては意外なほど多様性を帯びていたということが、忘れられない。

第四節

食品から見た漢字の現在

●――から揚げ――入れ替わる「唐」と「空」

中国から留学するために日本に来た大学院生が問う。

「「唐揚げ」の「唐《から》」の由来についてですが、やはり中国と何らかのつながりがあるのでしょうか？」

彼女は、中国では、魚や豚を油で揚げたものは食べたが、鶏肉のそれ（炸鸡　炸鶏　zha^{2}ji^{1}）はケンタッキー（中国では「肯徳基」）でしか食べなかったとのこと。中国は広いので一概には言えないが、製法や具などに差をもつ「油淋鶏《ヨウリンジー》」（油林鶏）などはあっても、少なくとも「唐揚げ」はあまり一般的な中国料理ではなさそうだ。日本に来てから「唐揚げ」という表記と食品を見かけるようになったという。私も夏に、一週間ほど上海周辺に滞在したことがあったが、確かにその間、それらしいものは豚のから揚げのようなものが一度出てきただけだった。日本では「唐揚げ」が本格的な中華料理のように振る舞われることもある。

日本で「からあげ」は、確かに「唐揚げ」と書かれることが多いが、実は「空揚げ」という表記もある。世上での使用状況の一端をうかがうために、「お決まり」の「Google」で検索をかけてみると、

〃唐揚げ〃　の検索結果約四、五二〇、〇〇〇件

〃空揚げ〃　の検索結果約　一〇一、〇〇〇件

となっていた。WEB上では、「から」の部分を仮名にしたものが少なくないが（〃から揚げ〃の検索結果約二、六九〇、〇〇〇件）、漢字では「唐」が「空」の四十五倍くらいも多く、圧倒している（二〇〇八年九月十五日現在）。

また、表記に規則を設けて、それを紙面でおおむね実行している新聞ではどうだろう。日本新聞協会では、「唐揚げ」を使わずに「空揚げ」で統一する、と明示している。最新の『読売新聞用字用語の手引』改訂新版、『朝日新聞の用語の手引』、共同通信社『記者ハンドブック』第12版などでも同様だ。

しかし、このところの「読売新聞」を見ていると、「空揚げ」だけでなく、やはり「唐揚げ」も記事の中に見られ、さらに新聞紙上で半分近い面積を占める広告欄では「唐揚げ」が優勢のようだ。宣伝用の折り込みチラシとほぼ同様に、スポンサーの表記がそのまま現れた格好であろう。

このように、「から揚げ」には、メディアによって表記に差が生じている。先の新聞記事のための表記の規則は、辞書の記述を一つの根拠とするようである。表記の規範と意識されることが多い国語辞書を開くと、『広辞苑第六版』では、本文中には「唐揚げ」という表記も示しているが、見出し表記は「空揚げ」だけとなっている。

そもそも、「から揚げ」は、衣が無いか少ないところから「空」と呼んだものだ、と説明されるものであり、この料理については「唐揚げ」よりも「空揚げ」の方が歴史も古いようだ。辞書では「空揚げ」が正式な表記としてしばしば採用されているのである。『三省堂国語辞典第六版』では、両方示すもののやはり「空揚げ」を先に掲げている。なお、『明鏡国語辞典』はそれを逆転させ、さらに「空揚げ」のほうを括弧書きにしている。

そうした状況を規範とする意識が一般に強いためであろうか、漫画でもたとえば「若鶏の空揚げ」（セリフ『おおきく振りかぶって』第九巻）とある。これは手書きの部分でもそのように書かれているので、作者が実際にそう記していたものであろう。

さらに、マスメディアではなく、若い人たちの使用の実状をうかがうために、女子短期大学で、「から揚げ」をどう書くか、簡単なアンケートをとってみた。

唐揚げ　五十三人　‥　六人　空揚げ

やはり「唐」が圧倒している。合わせて、「この「から」は何だと思いますか?」と尋ねてみたところ、

中国(唐《から》)のとり

「から」い、しお「から」い

卵の「から」とかの「から」

「から」っと揚げる、カラカラした衣

「軽」く揚げるから

「空」っぽ

といった回答があった。「唐」「空」以外の意識もいろいろと見られたが、辞書通りの「正解」者はなかった。以前、テレビのCMで「カラッと揚がる」という宣伝文句もあったが、一つの語は運用を通じていろいろな解釈が個々人になされるものだ。

衣をあまり付けないという語義から見て正しいのは「空」だと言っても、字面が「空揚げ」では確かにマイナスの印象を与えてしまう。戦前に見られた表記の「虚揚げ」ではなおさらであろう。それを「唐揚げ」とすることで、中華風だからだな、などとイメージが格段に違ってくる。事実、この一字からそう解釈している人たちがいて、漢字に自然とコントロールされているようだ。盛りつけ方によっては、竜田揚げやザンギと違って豪勢な中華料理にさえ見えてこよう。細かな差にこだわり、独自の消化をためらわない日本人らしい現象だ。

実際に街中で見かける表記は、「唐揚げ」がほとんどで、食堂のメニューでも同様である。それは購買意欲を訴求し、消費を引き出すための知恵なのでもあろう。WEBで検索すると上位に来て、学生が重宝がる傾向のある「Wikipedia」では、「唐揚げ」は、「その名の通り、中国(唐)から伝来した調理法であり戦後の中国からの引揚者が広めたと考えられる」とさえ記されている。現在の「唐揚げ」が普茶料理とつながりがなければ、

俗解の一つなのではなかろうか。それが人々の種々の知識と心理的な需要に合致したために支持され、ワープロの変換候補にまで挙げられるようになったのだ。日本料理の流入が進む中国でも、そのまま「唐扬」(tang^{2}yang^2)という表記が見受けられるようにもなっている。

ＷＥＢ上では、ついにブログなどに「「空揚げ」って何?」とか「「唐揚げ」のことを「空揚げ」と書き間違えるなんて……」とかいった書き込みも見受けられるようになっている。こうした趨勢の中で、新聞界でも実際には、記者が原稿に「唐揚げ」と打ってきたが、校閲としては直そうかそのままでいこうか、と迷うところなのだそうだ。当て字は良くない、「そら揚げ」もいやだからと迷った挙げ句に、無難に「から揚げ」と平仮名にしておこう、という処置も少なくない。

最後に、同じく「から」を含む語として、「から揚げ」とは一見関連がなさそうな拳法の名に「空手」がある。これは、元は中国から伝来した武道だといわれ、本来は「唐手」であったが、中国のイメージを払拭したり、仏教の「空《クウ》」を含意させたりしようとして、「空手」という表記に変えられたのだそうだ。

「からあげ」と「からて」という別の語において、それぞれの「唐」と「空」という漢字が互いに表記の中で入れ替わったことになる。

●——「餅」の材料

師走の、大晦日に向かって募る焦燥感、それを越えて遂に新年になり何もかもが「おめでたい」といえる悠然とした時を過ごす。年末の高揚を過ごし、正月に炬燵《こたつ》に入って、美しく詰めたお節や雑煮(133ページ)を食べる。子供のころ、年末年始は至福の時候だった。

その雑煮には決まって「餅」が入る。東日本では四角い切り餅、西日本では丸餅と東西で分かれ、細かく見れば四国などで中に餡《あん》こを入れる所があるなど、その様子は、雑煮の出汁《だし》と同じく各地でさまざまだが、「粘り強くなるように」などと言って縁起物としても賞味されている。もち米（糯）で作られたそれを、引っ張り伸ばしては頬張るときの幸せは、日本中で共有されている感覚なのであろう。

餅は、私たちを遠い昔話にタイムスリップさせてくれる。それは幼い日に絵本などで見た、祖先の鼠と暮らすような時代の記憶なのであろうか。日本の冬、とりわけ正月の食卓を飾る隠れた主役が餅であるのかもしれない。

近年、中国や日本で、「食」に対する疑念が高まった。工業用の糊になるはずの事故米を食品などに転用した事件もあった。私も中国の空港で土産用にと買い込んだスナック菓子が、帰国後に名指しでメラミン入りと報道されるという災禍に遭った。

それはともかく、中国に「楽天小熊餅」という菓子がある（字体はここでは日本式にしてある）。これは、日本の「ロッテ　コアラのマーチ」に対する中国名だ。ある学生がそれを知って言う、「あれはモチだったのか」。なるほど、「らくてんこぐまもち」と音読《おんどく》してしまえば、響きが日本名と何となく似てはいるが、その食感はむしろサクサク、パサパサとしていて、モチとはだいぶ異なっている。

中国の伝統的な菓子には、「月餅《ユエビン》」(yue^{4}bing) という、一つ食べるだけでもお腹が一杯になるようなものがある。中秋節（旧暦八月十五日）によく食べられるあの菓子の周りの部分は、もち米でできてはいない。栗、トウモロコシなどもあるが、たいていは小麦粉製だ。

日本では、主にもち米を蒸して搗いたものを「餅《もち》」と称している。[*1] 一方、中国では、同じ漢字の「餅《ビン》」(bing^3 簡体字は「饼」、繁体字「餅」とは字体が異なる）は、通常、小麦粉を焼いたり蒸したりして作った食品であり、北方でよく食される。「饅頭」（101ページ）と同じように、この漢字の指すものは、元は小麦粉でできた「むぎもち」であった。その形状から、「餅」は転じて円盤状のもの全般を指すようにもなる。

中国語で「餅干」がビスケットのことであるほか、「焼餅」「餡餅」も、日本人が字面から思い浮かべる食品とは全く異なる。日本では「餅（餅屋）は餅屋」などというが、中国では「餅屋」はベーカリー、洋菓子屋、パン屋のことで、さらに広東語では「餅店」がケーキ屋を指す。シンガポールには「宝源餅家《ポーグアン》」という老舗のケーキハウスもある。

もち米でできたモチは、中国では、春節つまり旧正月などに食される。*2 今でも北方より江南以南でよく食されるそれには、「年糕《ニエンガオ》」（nian²gao¹）など別の漢字の名が与えられており、「餅」でそれを指すことはない。この「年糕」は、「年年高」と発音が通じることから、吉祥の意味があると言われるそうだ。

韓国ではどうだろう。「餅《ピョン》」（byeong）は、漢字語となって熟語の中で使われているが、ご多分に漏れずハングルで「병」と表記されるようになってきた。

「餅湯《ピョンタン》」（byeong tang）という正月の食べ物に入っているのは、長い餅を薄く切ったものであるが、うるち米で作られることが多いようだ。また、それには「tteok kuk　トックク」という固有語のほうがよく使われている。

また、半月形でカラフルな伝統食品である「松餅《ソンビョン》」（song byeong）は、「song pyeon」（ソンピョン）とも呼ばれ、「松片」とも書かれる。この「pyeon」は漢語に似ているが朝鮮語の固有語のようで、「䭏」という形声式の造字（朝鮮の国字）が使われたことがあった。これは、うるち米やもち米を蒸したものであり、引っ張ると少し伸びるのだそうだ。秋夕（中秋節・仲秋節）の日に食べることから、日本の十五夜（秋夕と同じく旧暦八月十五日）の中秋の名月（明月）に供える月見団子と関連がありそうだ。団子粉はうるち米と、やはりもち米とからなる。

さらに、中国の月餅とも関わりがあるのであろう。そして、韓国では、「煎餅《チョンビョン》」（jeon byeong）といえば、小麦粉ともち米などを煮たものや、日本の煎餅《せんべい》と同じものを指すのだそうだ。

日本と韓国とで、どちらが先に、もち米を利用した食品に「餠」の漢字をあてがったのだろう。さらに、ベトナムでも、「餠《ビン》」は漢越語にはなっていないが、もち米でできた「bánh　バイン」という、よく伸びる餠が食されている。それもやはり、変化する前の字音を持つ「餠」と、かつては書かれたものだ。ほかに「餉」や「粫」という新たな形声式のチュノムによっても表記されていた。その食べ方自体は、中に塩辛い青い豆を入れるなど、日韓とはかなり異なった独自のものである（205ページ参照）。

漢字圏において、「餠」がどのように伝播し、変わってきたのか、想像は日本の餠の如くに膨らんでくる。続けて違う角度から「餠」を眺めてみたい。

＊1：ただし、日本でも「煎餠《せんべい》」には、もち米で作られるもののほか、うるち米、小麦粉などを材料とするものがあるなど、例外はある。この二字は、二〇一〇年に常用漢字に追加された。字体は「餅」となってもよく、少なくとも手書きでは「煎」でも問題ない。

＊2：台湾で菓子の包装などにある「糀糬《モアチー》」（「麻糬」とも。二字目は「糍」も当てる）という新たな漢字（地域文字）、シンガポールの華僑（福建語話者）の間での「麻芝」という漢字などは、日本語の中の和語（やまとことば）の「もち」が「外行語」となり、それに対してなされた音訳であろう。台湾の人は、菓子のパッケージや看板などで自然に覚えたという。

●――「餠」のイメージ

正月になると、やはり「ご飯にするとお茶碗三杯分」と数えたりしながらお餠を食べる。焼いては砂糖醤油を付け海苔で巻いて食べ、雑煮に入れては味をしみ込ませて食べと、正月太りの一因となるものだ。

小学生の頃、日本海に面した田舎で、正月の前後に、炊きたてのもち米から杵と臼で餠を搗きあげる大人たちを見た。売られている切り餠しか知らなかった子供は、まだところどころに米粒が姿を残したままの歪《いびつ》で大きな搗きたての餠のことを、「こんなものは本当の餠ではない」とむしろ思ってしまった。

さて、新年には、今年の抱負、などと称して色々な計画を立てたり、夢を抱いたりするものだ。それがあまりに実現不可能なものであれば、「絵に描いた餅」と言われてしまう。すなわち「画餅」という語は、日本ではガベイ、ガヘイ、ガビョウと様々に読まれる。

「絵に描いた餅」で実際にイメージされる「餅を絵に描く」とどういうものになるだろうか。実際に尋ねて描いてもらった。

すると、日本人であれば、立派な「鏡餅」、そうでなければ焼いて上に丸く膨らんでいる餅がほとんどだ。これは大学生のばあいだが、年配の方々ではいっそう「鏡餅」のイメージが強くなっている。年末年始ということに関係なく、常に日本人の中で、立派なお供え餅こそが、絵画として描くにふさわしい餅として意識されているようだ。風格と愛嬌を兼ね備えた鏡餅は、鏡開きの日が来れば再び脚光を浴びる。

「画餅」は、元は中国で生まれた漢語である。中国語でも、この語は「ホアビン」(hua^{4}bing^3)と発音され、千年以上にわたって使われ続けている。「画餅充飢」と四字熟語となって、もっと現実的な意味、「絵に描いた餅で飢えをしのごうとする：空想によって自分を慰める」も生まれている。

しかし、その語を見聞きしている中国の人に、そこからイメージされる食品を描いてもらっても、「お餅」を描く人はまずいない。留学生たちはやはり小麦粉でできた中国の食品である「餅《ビン》」(bing^3)を描いた。円形で薄く、肉や野菜などを巻いて食べるので「巻餅《ジュエンビン》」(juan^{3}bing^3)とも呼ぶ。時期を問わず食される、油を使ったそれに、モチモチとした粘りはない。

韓国では、「画餅《フワビョン》」(hwa byeong)よりも「クリメトック」(絵の餅)という固有語による表現がよく使われている。また、「画中之餅《ファジュンジビョン》」という四字熟語も用いられており、その意味は、「努力しても手に入らない物」と意識されることがあるそうだ。

韓国から来た留学生たちに、イメージされるものを描いてもらったところ、意外にも、丸くて小さな団子のようなものを幾つも描いてくれる。それが、皿の上に置かれている図だ（餅や団子を綺麗にピラミッド形に重ねたがるのは日本での習慣なのだろうか）。これは、旧暦の八月十五日の秋夕に食べる、もち米を蒸した白くて丸みのある「松《ソン》ピョン（餅）」や、時期を問わずおやつとして食べる、茶色いきな粉餅の「インジョルミ」(injyeolmi固有語）だそうだ。後者は日本ではあまり聞かないが、もち米を蒸し、搗いてから薄く伸ばし、切ったものだ。漢字圏では、ベトナムでも「餅《バイン》」には独自のイメージが確かめられた（205ページ）。

満月といえば、まだ幼かったころ、夜に空を見上げてまん丸な月を見ると、そこに兎が餅搗きをしているように見える、と教えられた。「そうかなあ」と目を凝らして月の黒っぽい部分を眺め、見える、いや見えないなどと思ったものだ。

平成生まれの学生たちでも、母親や保育園の先生、絵本などから、そのように教わった、という者が大多数を占めている。マクドナルドの月見バーガーのCMでもそうだったと言う学生たちもおり、大人になってからイメージをより固定化させるための再生産がさまざまなメディアで続いているようだ。

韓国でも、同様に、兎が餅を搗いていると言い伝えられているという。兎は二羽で仲良く搗いているともいわれる。台湾でも兎が餅を搗いていると見立てるそうだ。

しかし中国大陸では、そのようには教わらないという。漢代の昔から、月には兎（白い玉兎）がいるとされる[*1]。しかし、一羽の兎の姿と見られるほか、兎が何かしているとすれば杵で、ある物を搗いているのだが、搗かれるものは餅ではなく薬（漢方）や薬草だとされる。このイメージは、元は道教思想によるもので、ついには「月」の異体字として「⿴囗兔」という会意文字（あるいは象形文字といえるか）まで道教の書物の中に登場したと字書はいう。

この中国大陸発の伝説が東アジア各地に広まり、食文化の差が細部を変えさせたようだ。もち米を搗いて餅にして食べる地域では、満月を白くて丸い餅に重ね合わせたのであろう。

実は「餅」の字体も、歴史上で変転を重ねてきたものであり、コンピューターでもOSやフォントによってその表れ方が異なっているのが現状である。この先、いかに固まっていくのであろうか。少なくとも漢字圏での「餅」は、ここまで記してきたとおり、ずいぶん柔軟なものであった。

＊1：別に、八月十五日に月へと昇天したとも伝えられる嫦《ジョウ》娥《ガ》（コウガとも）という女性（兎と一緒にいるとも）やその化身であるガマガエル（ヒキガエル）がいるなどと言われる。月は、日すなわち「太陽」に対する「太陰」であり、暗く寂しいイメージも有していたようだ。なお、中国の伝説が多く移入したベトナムでは、満月の黒っぽい部分の見え方自体も、地域ごとに実際にやや異なるのであろうか、月の中にはガジュマルの木の下に座っている男性が見える、などと言われるそうだ。

「饅頭」の中身

ある年の夏に、二つの温泉地を訪ねた。そういう地ではたいてい「温泉饅頭」が湯気を立てて売られている。小麦粉などでできた皮の中には、黒くて甘いアンコが入っているものと相場が決まっている。中身が小豆になったのは、禅宗の影響で肉を入れることを避けたためともいわれる。日本では、「饅頭」は「マンジュウ」と読む。かつての国語辞書である『節用集』のテキストの一つにも饅頭屋本がある。この「頭」の字の「ジュウ」はやや紛らわしい用語で唐宋音といわれるが、唐代より遅い宋代以降、比較的新しく日本に伝わってきた漢字音である。この食品の伝来が中世期であったことを物語っている。

日本で売られている「中華饅頭」、略して「中華まん」の中身としては、餡つまりアンコのほか、豚肉・野菜が主流といえるだろう。日本で、この「饅」という字で料理の「ぬた」を指すことがあるのは、その中身と関連するものであろうか。

お隣の韓国ではどうだろう。88《パルパル》オリンピック直前にその地を旅した時、激辛の料理の名前しか知らなかったため、友人と食堂で辛味との格闘を毎食続けていた。ソウルから南下して帰国日が迫る釜山《プサン》に至り、何やら辛くなさそうなものを食べている地元の客を見かけ、店の人に尋ねると、それは「マンドゥ　グク　ペクパン」とのこと。漢字語の部分を漢字で書けば、「饅頭・しる（汁）・白飯」だ。韓国で初めて、辛さのない食事をした幸せから、連日そこで朝食をとったものだ。やっと辿り着けたそのスープの中に入った「饅頭《マンドゥ》」（mandu）には、肉や野菜が包まれており、餃子や中国の包子《パオズ》（bāozi）に似たものであった（上海の包子は大きくて美味だった）。

さて、これらの「饅頭」という語は、元をたどると中国に発祥するものである。古く諸葛孔明が川の神に人頭を捧げる蛮族の風習を改めるために創りだした、と信じられてもいる。これは宋代以降の文献に現れる伝承で、人間であるかの如くに作るために、皮の中に牛肉・羊肉を詰めた、とある。「饅」という漢字は、ただその物のためだけに造られた形声文字であり、会意を兼ねたものとも解されている。かつては「蠻（蛮）」「曼」など同音で別の漢字が当てられることもあった。ただし、現代の中国では、普通話《プートンホア》（標準語・共通語）で「饅頭《マントウ》」(man^{2}tou) といえば、それは小麦粉だけでできたもののことを指しており、通常、中身は何も入らなくなっている。これを揚げた昼食は日本人には好評である。

ベトナムには、「マンタウ　Màn thầu」という食品がある。「マンダウ　mẫn đầu」と言うこともある。しかし「饅頭」に対する伝統的なベトナム漢字音は「man đầu」である。恐らく、中国の南方辺りの方言からベトナム語へ流入した発音なのであろう。その中身は、中国の「マントウ」と同じく何もないもののほか、中国の「包子」の類に似たものがあるが、肉だけでなくキクラゲ、卵、マカロニのようなものなどを入れるそうで、やはり独自性が生じているようだ。

漢字圏に属した四つの国で、現在、「饅頭」「饅頭」の中身がこのように異なっているのは、それぞれの時代の風習や嗜好に合わせて変わった結果なのだろう。韓国のものが古い状態を比較的よく残している、といえるのかもしれない。

そして発音だけでなく、表記までも差が生じている。中国大陸では簡体字で「馒头」、日本や香港、台湾などでは「饅頭」(饅頭)と字体が分かれ、そして韓国ではハングルで「만두」、ベトナムではチュウ・クオックグウ(国語ローマ字)で「man đầu」などと、もっぱら書かれるようになっている。韓国では、日本風の菓子の饅頭が「만쥬《マンジュ》」として販売されてもいる。漢字の求心力は、ここでは中身の違いとともに崩壊している。

ここでは日本が古い状態を維持しているようであるが、その日本でも、食偏が「飯」と同様に簡易化されたり、「食」「倉」のようになったりすることもある。さらに店によっては「万頭」、さらに「万十」など、日本漢字音に基づく、簡易な当て字が現れている。とりわけ「万十」という表記は、九州一帯において、ただの略語としてではなくかなりの広まりを見せている。「所変われば品変わる」というが、この食品の文字もまた、変化を呈している。

「餡」の正体

子供のころの寒い日に、凍える手に握った小銭と引き替えに、近所の商店街の菓子屋で買った肉まんは、本当に美味しかった。

今では、カレーまん、ピザまんなど種類は増え、コンビニでも売られるようになっているが、大阪などの地では、肉まんのことを「豚まん」と称する。関西では「肉」といえばよく食べる牛肉を指すことが多いため、「肉まん」で中に豚肉が入っていては抗議されかねない。そこで、「豚まん」という、関東ならばややどぎつくも感じられるが、おかしみのある表現を好む傾向のある関西弁にフィットするような表現として広まったようだ。そうした食文化と言語習慣によって、たまたまそうなったということなのであろう。

肉まんよりもあんまん、チョコよりもアンコというように、アンコに目のない人がいる。アンコの「アン」は漢字で書けば「餡」であり、その字と語は、餃子の餡《アン》、餡《あん》かけ、と様々な食べ物を指す。

その漢字の「餡」（カン・コン）は、中国では、米や小麦粉でできた饅頭（前項参照）や餃子などの中に入れる肉や野菜、小豆などでできた食品を指すことばである。現代中国での発音は「$xian^4$ シエン」であり、カン、コン、シエンといずれも「アン」とはほど遠い発音ばかりだ。どういう変転の歴史を経ているのだろうか。

日本では現在、「餡」は「あん」「アン」と仮名表記されたり、漢字でも食偏や旁が新字体のような形に書かれたりするほか、食偏の右の部分が「稲（稻）」の旁の「舀」「臽」のように書かれることもある。後二者は、形のよく似た字と混淆したことによる字体である。

その「餡」を、中国で使うそのままの意味で、唐音つまり比較的新しく中国南方から伝わった発音で「アン」とともに受け容れたのは、室町時代のことであった。現代の日本でも、餃子の餡というように使っている、その意味として伝来したのだった。ちなみに「餃子」を「ギョーザ（ギョウザ）」と読むのは、近代の山東のある方言に基づくともいわれる。

それが、江戸時代になると、次第に小豆に砂糖を加えて作ったアンコを指すことが増えていく（後述するように、この餡に「コ」が付されて「アンコ」と呼ばれるのはさらに後のこと）。ここまでは中国の「餡」と共通するものなのだが、こうなると食べ物の中身としてのものとは限らなくなる。さらに、団子に塗るアンコなど、食品の周りや上にかけるそれをも指すようになった。

そしてついに、江戸時代のうちに、糊のような状態になっているという特徴に着目し、同様の状態の「くずあん」「くずだまり」、つまり、くず粉や片栗粉に、砂糖、酒、味醂や醤油などを加えてとろみのあるように作り、うどんや魚などにかける「あんかけ」の「あん」までも、指すようになったのである。

以上のように、「餡」は日本で何段階も意味が拡張したものである。街中や店内のメニューなどではしばしば見掛けるものの、常用漢字に追加される候補にもまず挙がらない「餡」は、確かに「あんかけ」の「あん」とは別の物、別のことばとさえ意識されているのかもしれない。ちなみに、あんかけの「あん」は、中国では全く別の漢字で「芡《チエン》」(qian^{4})と表現されている。中国では「餡《シエン》」(xian^{4})は、現在、食品や菓子などの中身を広く指すことから、さらに内実や悪だくみまで指す用法を生んでいる。なお、かつての朝鮮では「餡」の字を用いた語が使われることもあったが、ベトナムではあまり用いられなかったようだ。

日本で「あん」を「あんこ」というのは、明治時代から現れる俗語で、「餡粉」などの字も当てられた。中国では「餡」を口語で「餡子《シエンズ》」(xian^{4}zi)ともいうが、それは『水滸伝』のころよりあり、その影響が日本に及んだのかもしれない。

最初に戻って、「肉まん、あんまん」という、その「餡饅」とも書ける食べ物は、上記のように本来の字の意味から考えれば、「何か」が中身として入っている饅頭ということしか意味できなかったものなのであった。

●——「鼓」か「豉」か

近ごろ、「豆鼓《トウチ》」というものが、大きく広告に出ていることがある。たとえば、二〇〇八年二月八日の「読売新聞」の広告欄にも、それが出ていた。血糖値が気になる人に、ということだそうで、一部で人気が出ているらしい。

「トウチ」というものは、黒大豆に塩を加えて煮たものを、さらに発酵させて作った、乾納豆のような食品だ。

中華料理で、辛味、塩味、旨味や香りなどを足すために調味料として使われるほか、漢方薬としても用いられてきた。我が家の食卓でも、餃子騒動の最中でも、貴州産のそれがときどきピリッとしていてコクのある味わいを添えてくれる。

漢字では「豆豉」と書く。中国語ではdou^4 chi^3（トウチー）だ。この二文字目は、「豆」と「支」から成り立つ形声文字であり、「支」だから「チ」（日本漢字音ではジ・シ）という発音なのだ。ところが、日本では、この字を用いる単語がほとんどなかったことから、ＪＩＳ漢字では第２水準までにこの字が採用されていない。そのことが、この字が必要となっても使わないという状況に、拍車を掛けたようだ。

スーパーで見かける様子

冒頭に示したように、「豆鼓」と、「鼓《コ》」という形が似た字で記されるのである。どうしてそのような状況になったのだろうか。人々は、違う字だと意識して「代用」しているのか、たとえば、パソコンで操作したがきちんと打てなかったために、よく似た字で「代用」しているのだろうか。昔から「樹」は異体字として「樹」と書かれたものだ。それとも、形がよく似ているので混淆してしまって、見れども見えずとなり、この「鼓」の字だ、と思い込んで用いてしまうのだろうか。

中国でも「豆鼓」と書いてしまう（打ち込んでしまう）ことはある。東北地方の大連から来た留学生は、「豆豉」を知らないと言い、「gu^3」（グー）と読んだ。一方、日本では、むしろその「代用」の方が多く使われているようだ。大体の傾向を探るために、ＷＥＢ上で少し検索を掛けてみると、次ページの表のようになった（二〇〇八年二月二十五日現在）。

新聞やチラシなどの広告のたぐいでも、先に一例を挙げたようにそれが非常に目立つようになっている。そうした事象が、さらに次の使用者へと影響を与え、新たな表記の慣習として定着に向かっているかのようだ。

「鼓」は、中国語では「gu^{3}」（グー）、日本では太鼓の「コ」であり、「つづみ」を表す常用漢字である。味噌や納豆の類を表す「豉」とは、たまたま形が似ているだけで、発音も意味も異なり、いわば他人の空似で、全く別の字である。

「豉」は、辞書や教科書などに使われていたために、ＪＩＳの第3水準に採用されており、ユニコードにも入っている漢字である。そのため、少し気にしてパソコンなどを操作すれば、打ち込むこともできる環境は整ってきている。こうした混同は、「独壇（擅《せん》）場」などと似た点があるが、「病膏肓（肓《こう》）に入る」と同様に容認を得にくい傾向がある。日本で「豆豉」が挽回する日は近いのだろうか。

中国周辺に残る古い漢字音

中華料理は、世界でも有数の美食とされるが、その中でも「食は広東《カントン》に在り」というように、中国の南部の香港辺りから各地に伝わった広東料理は異彩を放っている。その料理の一つに、「チャプスイ」と呼ばれるものがあり、日本でもよく知られるようになってきた。豚肉、野菜などを混ぜて炒め、片栗粉でとろみをつけて煮た、八宝菜に似たものである。これは、清朝末期ころにアメリカで改良されたものともいわれ、英語にも chop suey というスペルで採り入れられている。

日本では中華料理はもちろん、世界中の食が楽しめ、韓国料理もすっかり定着してき

“豆豉”と“豆鼓”の使用数の比較（Google）

	日本語	中国語簡体字	中国語繁体字
“豆豉”	約5,110件	約2,030,000件	約134,000件
“豆鼓”	約45,500件	約483,000件	約29,100件

た。タレに漬けて食べる焼き肉など、日本独特の発展をみたものもあるが、「チャプチェ」という、春雨に牛肉や野菜を混ぜて炒めた韓国料理も人気がある。

さて、ここに「チャプスイ」と「チャプチェ」という二つのアジアの料理の名前を出してみた。これらの「チャプ」とは、いったい何なのだろうか。実は、それぞれが同じ漢字で書かれる語なのであった。

広東語のチャプスイは「雑砕」、韓国語のチャプチェは「雑菜」である。香港と韓国は、漢字については正式には、いわゆる康熙字典体（日本でいう旧字体に近い）を用いつづけているので、それぞれ「雜碎」、「雜菜」（草冠は今は措《お》く）と書くことになる。ともあれ、「チャプ」とはいずれも「雑」という漢字の発音、音読みによるものであったのだ。

そういえば、日本でも「雑煮《ぞうに》」という食べ物が正月に食卓を飾る。素材が混ざりあった食べ物のことを「雑」という字で表しているわけだ。また、ひらがな表記されることの多い「雑炊《ゾウスイ》」もあるが、これは元をたどると、文字通り「増水《ゾウスイ》」と書かれる語であった。「増《ゾウ》」と「雑」という二つの漢字には発音にも差があったのだが、江戸時代のころにはすっかり同じ発音に変わっており、さらに仮名遣い（後述）の違いを超えて、「雑炊」と書かれるようになったのである。このように「雑炊」という表記は、当て字であったのだが、やはり食材が混ざっていることをうまく表したものといえる。

日本語でも、字音仮名遣いでは、かつて「雑」の字は「ゾフ」（呉音）、「サフ」（漢音）であり、そこから派生した「ザフ」は日本独自の慣用音であった（呉音を「ザフ」とみる説もある）。「しごとが雑だ」というばあいの「ザツ」はより馴染み深いものだが、実はその「ザフ」がさらに訛った発音なのである。中古音、つまり、隋・唐時代前後の中国語での発音では、この漢字の発音は、「dzəp」のようであったと推定されている。この「p」はほとんど響かない内破音であり、各地でほぼ同じ音声のまま残存したものであった。

このような中国で古く行われていた発音が、漢字圏の周辺部の人びとの耳へと伝わって、そこでの種々の言語に取り込まれて残っているのである。ベトナム語でも、この字に由来する「tạp」（タプ）という発音がやはり残っている。「雑誌」のベトナム語の発音を聞いた韓国の人が、韓国語に似ていると驚いていた。かえって、中国の北京や長安では、このような音は変化を続けていき、ついに「p」音は他の「t」「k」という音（入《にっ》声《しょう》）とともに消滅したのである（133ページ）。

つまり、この末尾の「p」は、現代の中国語の普通話《プートンホア》やその土台となっている北京語では、早くに失われてしまった発音である。「雑燴」で、ごった煮、五目煮を表す語があるが、「za^2hui^4 ザーホイ」のように「雑」は「ザー」とだけ発音する（字体も、大陸の簡体字では「烩」と簡略化されている）。

「雑」の古い字体を維持する韓国でも、「チャプチェ」は、「잡채」とハングルで書かれることが当たり前となっているようだ。韓国では、もはや漢字でこの食品の名が書かれることはあまりないのであろうが、漢字の古い発音の名残は保持されていくことであろう。

世界を駈け巡る「茶」

大学に職場が移って四年目に入ったころ、やっと研究室でお茶を淹《い》れられるようになった。慌ただしい日々であることに変わりはないが、散らかった研究室でも訪ねにいらして下さる方々が少しずつ増えてきたのと、お土産に東アジア各地で採れたお茶を頂くことが増えたためだ。メラミン、放射能と意外なニュースが増えてきたが、これには関わらないだろう。

「茶」が中国で生まれた飲料であることは有名だ。元は「荼」（ト・ダ）という、ニガナなどを指す形声文字が転用されたものとされる。なお、この字を「荼毘《ダビ》」と用いるのは梵語を音訳しただけのもので、茶とは関連がない。

その「茶」の「余」の部分を、「人」の下の「一」を取り除いて「ホ」のように変えて「茶」とすることで、元の字との発音と意味の差を示したと言われている。下部の字体は「ホ」か「木」かなど、どのように書かれるか議論されることもあるが、これはそもそものようにして唐代に起こった「俗字」だという。この造字法は、伝統的な「六書《りくしょ》」では説明しづらい方法であり、「会意」の反対で、かつて「削意」などと呼ばれたような方法に近いのであろう。

「茶」は、中国でも各地で飲まれており、さまざまな種類が派生している。そして各地で方言による発音が生じている。例えば、茶を飲むことを、

北京を中心とする普通話では「喝茶」で「he^{1}cha^{2}　ホーチャー」

上海周辺の上海語では「吃茶」(喫茶)で「chi'zo　チェッゾー」

広東や香港などの広東語では「飲茶」で「yam cha　ヤムチャー」

などと言う。飲むことを意味する動詞がいっそう見事にバラバラになっているが、広東語は、日本語(茶を飲む)と同じく中国語の古態である漢文のような表現を残している。さらに、

福建や台湾などで行われる福建語では「啉茶」で「lim te　リムテー」

とも言う。この一字目は、福建語圏でも知らない人が多いが、漢字の表音性による拡散傾向を示唆するものである。中国の歴代の辞書には、飲み終わる、貪るといった意味しか示されていないものであった。ただ中国は広いので同じ福建語でも細分化されており、互いに通じないこともある。この方言や客家《ハッカ》語ではあるいは「食茶」とも称するのは、茶を食していた古い習慣に対する古風な表現が残ったのではなく、飲むことと食べることとを同じ動詞で表すためのようだ。発音の差を超えて意味を伝える漢字の求心性や羈束《きそく》力をこの「茶」には

見出せよう。

時代とともに中国の中原の地や北方、福建、広東辺りから世界中に茶は広がった。先の福建語の「茶」(te)が東南アジアから欧米などへと伝わっていったものと考えられている。インドや中東、アフリカなどを含め、たいていの国では、茶を「チャイ」などと呼び、中国方言の原音の面影を残している。

日本では、かつて紅茶と緑茶をブレンドしたものだったか、「茶《チャ》ティー」という飲料が発売されたことがあった。そのCMをテレビで見て、私はある種の感慨を抱いた。中国から日本へ入ってきた「茶」という漢語が「チャ」である。一方、中国の福建省など南方から南洋、西洋へと渡り、ヨーロッパ各地で定着した発音が「テー」の類である。英語ではそれが「tea」と綴られ、そこでの大母音推移とよばれる発音の変化の流れの中で「ティー」へと語形を変え、ついに英米から日本へ新たに外来語として流れ込んだ。

つまりその行き別れた両者が奇しくも東海の小島において結合したのが、この商品の名前だったのである。また、ペットボトルの「爽健美茶」を「そうけんびティー」と呼ぶ女子学生も現れた。もしかすると「茶」と「ティー」との間に、意味と発音の共通性が感じ取られているのかもしれない。親戚同士のような関係の語が、長い旅の果てに日本で再会したことに、運命的なものさえも感じられまいか。

東アジアでは、茶は漢字・漢語とともに各地に伝来している。日本において「喫茶」「茶道」の語では「サ」と読むが(「チャ」とも読む)、これは唐音であり、「ジャ(ヂャ)」「ダ」「タ」が伝統的な字音である。「チャ」というのは慣用音とされ、新しく中国から伝わった字音によるもののようだ。

韓国でも、喫茶店を意味する「茶房《タバン》」はすでに「年寄りじみた」語感を持つ語となり、外来語に取って代わられたそうだが、このように「茶」は「タ」と読まれるほかに、「チャ」という字音も使われている。「五味子《オミジャ》茶《チャ》」は、五つの味を同時に楽しめる珍しい逸品である。無論、それに対する表記はハングルが主流となり、ここでも漢字表記は北朝鮮に続き、次第に韓国の人々からは縁遠いものとなっているようだ。

ベトナムでは、「trà」（チャー）がベトナム漢字音だが、「chè」（チェー）もよく使うようだ。後者は伝統的な漢字音ではないが、やはり中国のいずれかの地方から伝わった発音が漢越語の一種として残ったものではなかろうか。

ペットボトル入りの冷たいお茶も目を覚ますにはよいが、熱いお茶から湯気の立ち上る瞬間は、窮屈な日常を一瞬でも忘れさせてくれる。各地のお茶を口にすれば、居ながらにして彼の地へと、気持ちだけでも移すことができるかもしれない。

●――スパゲテイ

二〇〇六年の暮れも押し迫ったころ、学生たちで賑わう早稲田の大隈通り商店街で、一つの食堂が店を閉じた。

〝ボンマルシェ〟というフランス語の名前をもつ洋食屋であった。四十五年とも五十年ともいう永い間にわたって学生たちに食事を出してきたという。歴代の早大生は「ぼんまる」という愛称で親しんできたように、その洋風な店名とは異なり、人気メニューの太めで柔らかく香ばしくもあるスパゲティーは、決して当今のレストランで出される「パスタ」ではなかった。

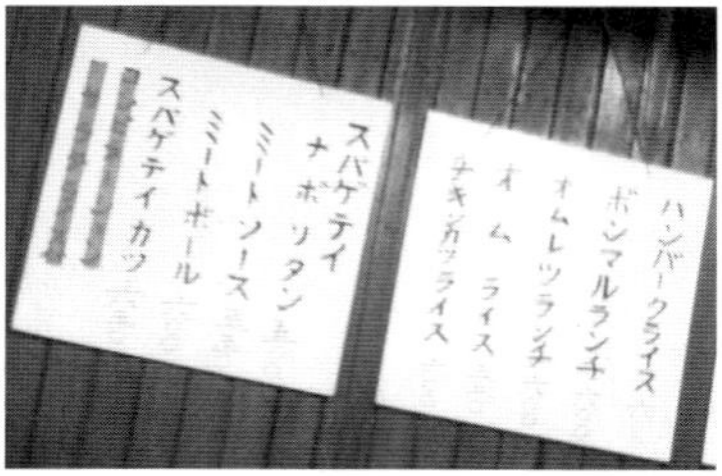

ボンマルシェのメニュー

品の良い老夫婦が店を切り盛りしていたためか、店内では「スパゲテイ」と書かれていた。それを頼むと豚汁（ここではぶたじるではなくトンじる）がついてくる。それもフォークで食べるのが「洋食」らしいところだ。少し奮発すると、上にミートボールを乗せてくれる。中の柔らかなこの肉団子は、ボンマルランチほか、様々なメニューに登場し、和食にも洋食にも合う、万能の蛋白源であった。

私は、二十年以上も前、まだ学生だったとき、よくふらりとその扉を押し、昼ご飯を食べた。行く先が見えず、圧倒的な資料にくたびれ、時に孤独を背負ってそこに辿り着けば、当時既に年老いていた夫婦が決まって几帳面に店を切り盛りする姿があった。

縁あって早稲田に戻ってから、またそこに通いだすと、やはり何も変わっていなかった。しばらくして間もなく閉店になると知ったのは、偶然のことだった。その店は永遠にそこにあり続けると、何の根拠もなく思い続けていた私には、その事実を受け入れることが難しかった。二十年前からお婆さんであったその方に、「来年も、やっていますよね？」と期待を込めて尋ねたところ、震える声で「今年で終わりなんです」、そして「長い間、皆さんに来ていただいて……」と涙ぐみ、声を詰まらせた。それを聞き、私は今の学生に、この洋食屋の店のたたずまいとこのご夫妻と洋食を伝えることを使命と感じ、ゼミ生や教え子たちを連れてそれから何度も店を訪れた。おいしい、胃に優しい、そして懐かしいと、この店の前を通り過ぎるばかりであった現代の学生たちにも大評判だった。

そこには昭和があった。貼ってあるポスターも、木造の室内も、あることを気づかせなかった小さな便所も、時間が止まっていた。レトロな雰囲気なんかではない、本物の時の重みがあった。お店が最後の日、お婆さんと初めて少し話をした。間近で見たお婆さんの顔に時間の経過を感じた。「周りのお店がきれいになって、恥ずかしかった」という。確かに昔からの店が消えていく。店に入って嗤う客もいた。いつもこぎれいなテーブル、清潔な白衣。「そんなことはないですよ」と返すのが精一杯であった。花束を置くお客さんもいたが、私も最後くらいはと、ずっと置かれていたコーラを注文した。今日で終わりなので少し余分に、と申し出たら、木の引き出しから小銭を出し、逆に今までのお礼と言って三百円もおまけをしてくれた。

そのお婆さんの発音は、確かに〝スパゲティー〟であった。内閣告示・訓令の「外来語の表記」[*1]の規則を持ち出すならば、「スパゲティ」となるところであろう。あるいは「スパゲティー」になじみのある向きや「スパゲッティ」の方がオシャレだと感じられる向きもあろうし、「パスタ」（本来はマカロニなども含む）でなければ、という方もおいでであろう。三つ星がどうとかニュースになる昨今、学生時代のあの店は、薄れゆく記憶と「スパゲテイ」の写った写真の中だけとなってしまった。

＊1：内閣告示・訓令「外来語の表記」……平成三年六月に「一般の社会生活において現代の国語を書き表すための「外来語の表記」のよりどころ」として告示された。文化庁ホームページ内の国語施策情報でも、「国語表記の基準」から見ることができる。

「そば」と変体仮名

大晦日の晩に年越しの「蕎麦《そば》」を食べる習慣は、我が家でも続いている。細く長くと言いながら、満腹であっても美味しくお腹に入る日本蕎麦は、子供ながらに不思議な食べ物だった。蕎麦の食品としての謎については、蕎麦研究家の新島繁氏ほか、先人たちによって少なからぬ研究がなされている。

私たちは、食べ物を食べるときに、味覚の他に、視覚や嗅覚などもフル活用しているそうだ。ほかにも実は、碗や箸の形や色、重さ、さらに部屋の様子やときには店のたたずまいなどを含めて、食品を賞味しているのであろう。外食では店員やその言動さえも関係していそうだ。そして、店名や商品名でも、漢字に限らずひらがな、カタカナ、ローマ字ほかの文字もまた、その字体や書体などと絡みあって雰囲気を変える力を持っている。ロゴによっても、味わいが変わってしまうのだ。

二〇〇七年の「今年の漢字」は、「偽」だったそうだ。この日本漢字能力検定協会（漢検）による発表は、自由な投票によって決まるもので、他の〝流行語〟と称するものに比べ、日本人の感覚を代弁するものといえそうだ。複雑な一年を一字で表すことは切り捨てる情報が多くなり、意識を偏らせる可能性もあるが、伝えてくれるものもある。建築物や温泉だけでなく、有名ブランドの菓子も土産物も料亭の食事も、次々に「偽」装を露見させた。私たちは食品を、雰囲気やムードを含めて食べていたのだ。

数ある店の中で、その店に入って食べたいと思わせる「そば」屋の看板・暖簾は、ほとんどの日本人にとっては、ゴシック体のものではなかろう。和食らしさを演出するには、昔ながらの続け字や変体仮名が相応しいようだ。「蕎麦」も変体仮名が読めなくとも、雰囲気でそば屋と分かる。「天ぷら」「うなぎ」「せんべい」「しるこ」など、和のテイストには古風な書体が利用されがちだ。これらに含まれる変体仮名は、過去へのキーともいえる。これを読めれば、つまりキーを持っていれば、先人の書いた文章、つまり考えたこと、感じたことなどを記した一次資料に直接触れることさえもできるのだ。

「そば」も、蕎麦屋の暖簾《のれん》や看板などでは、「楚」（ソ）と「者」（ば）に由来する変体仮名で「そば」と記されることが多いことは、多くの人がお気付きであろう。二字目が「む」に近いものが増えている。この一見古風な表記が、いったいいつから存在しているのか、以前、研究グループの間で話題となり、私がその歴史を追う役目を担った。写真もない時代の暖簾、看板はほとんど失われてしまったが、戯作などの文献に数々の挿絵が記されており、そこに比較的忠実に文字の形まで写し取ったとみられる絵も案外たくさん残されている。浮世絵もそうした空間系の情報の資料となりうる。

歌川広重が描いた絵を模写したものに、蕎麦屋の看板に「生そば」と書かれているように転写された例を見かけた。しかし、実物に当たって確かめたところ、とてもそうは読むことのできない点画であった。現在の店頭の「そば」であったと常識的に思い込み、そして「見なし」をしてしまったのであろう。

沖縄の那覇に伝わっている「覇」の略字「覇」は、地元の人たちでも、その存在に気付いていない人が少なくない。仮に略字を見ても、自分が馴染んでいる字体とみなしがちなためだ。それは、区別の必要のない字形や字体上の差異を捨象しようとする人間の認知の高度な能力の表れでもある。しかし、こうした現象に対して「見れども見えず」となることは、現実の文字の世界から遊離し、文字に関する真実からも乖離し、文字に対する先入観を固守していくことにつながる嫌いがある。

先日、熱海で、さびれかけた食堂に入った。そこには、「そば」がサンプルにまで記されていた。これを「そば」とは読めない人も現れている。字形が崩れ、「生ばそ」と文字の順番も逆になったような暖簾も神田で見られたが、どうやら老舗らしい、という雰囲気を醸し出すことには成功しているようだ。ただし、この「そば」は、実際は江戸時代には稀で、十九世紀より古い使用例がまだ見当たらない。

第二章

海外から見た／海外に見る漢字の現在

第一節　漢字圏での共通点と相違点から見た漢字の現在

●漢数字「八」のめでたさ

北京オリンピックが長年の悲願を経て、二〇〇八年に開催された。その開幕式は内容面でも演出面でも、中国らしさが随所に発揮され、いかにも中国だという記憶を刻むものとなった。ベトナムの複数の新聞でも、翌朝には「印象」的という漢越語がローマ字で見出しを飾っていた。

その開会式は、八月八日の午後八時にスタートした。暑い日の遅い時刻に設定されたのは、その数字に因るものだという。つまり、その日時が選ばれたのは「八」という数字に意味があった。中国の浙江財経学院という大学で出会った大学生や大学院生も、開幕式に「八」が選ばれた理由を皆がそのように認識していた。中国の人は「八」という数字を好む。それは漢数字に限ったことではなく、ナンバープレートでもアラビア数字の「8」が含まれるものは高値で取引され、「８８８８」と並べば、もう大変な価値が生じるプレミアものだという。

その理由は、「発財《ファーツァイ》」(fa^{1}cai^2) の「発」(发　發)、つまりお金を儲ける、金持ちになるという漢字と、「八《バー》」(ba^1) との発音が互いに近いことにある。発音が似かよっているために、縁起が良いといって好まれているのである。広東語でも、この二字がやはり類似する発音であるため (ともに末尾に「t」という子音が残存している)、特に香港辺りでの「八」への投機熱は相当なもののようだ。このように中国語圏では、漢字は往々にして発音を重視して使用されている。

一方、日本人にとっても「八」という数は縁起が良いといって好まれてきた。めでたいことの日取りにしても、金額にしても、よくそのことが話題となる。その理由は、古くは「や」という語自体に数が多いという意味があったことなどによるようだが、現在ではきまって「八」という漢字の形が末広がりであって、次第に繁栄していくようでおめでたいからだ、と言われる。日本を象徴する富士山の形状のようにも見えてくる。つまり、日本では、漢字の形から得られるイメージを重視する傾向が強いということがここに反映しているのである。

日本で、大学生たちにあの開幕式で「八」が選ばれた理由を考えてもらったところ、ほとんど全員が「字の形が末広がりで縁起が良いから」と判で押したような回答となった。長寿を祝う日本での「傘寿」(八十歳の賀)や「米寿」(八十八歳の賀)などの字体意識とも関連する可能性もある。そこにはさらに「米という字は、八十八回も手を掛けてやっとできたということが表されている」などとまことしやかに説かれる私たちの決まり文句とも通底するところがあろう。「ハッピーだから縁起がいいと思っていた」というのは少数意見である。

中国で、大学生たちに上記の日本人の典型的な意識を伝えてみたところ、とても意外そうであった。それをまた、日本の大学生たちに伝えると、やはり驚きが返ってきた。「ショック」などと述べる者も現れた。「お金」が日本と違って直接の理由となっていたことへの意外さが強いのだという。

中国の街中では、看板に記された「鑫」という字がよく目に入る。社名や店名、そして人名に多く用いられているのだ。発音は「シン　xīn」、お金が儲かることを祈っての命名だそうだ。この正直でストレートな表現による縁起かつぎには、オリンピックでこだわって選ばれた「八・八・八」と同様の発想をうかがうことができよう。

漢字の「八」は、古くは「)(」で、字源としては、事物を左右に二つに分けたことを示す指事文字と解される。「ハチ」という字音も、「別《ベツ》」や「半《ハン》」「班《ハン》」と同じ系統の語と考えられている。三千年の間に、中国でも日本でも、「八」に新たな開運という意味合いを帯びさせたのだ。全く異なる動機から日・中それぞれで生じた験担ぎが、今なお息づいていることは見事なまでの「暗合」といえるであろう。漢字の形とそのめでたさは共通であっても、それぞれのもつ根底にある意識と表現の差が際立つ「八」の字である。

已《や》むを得ず

人の世では、自分の考えを、己の意志に反して曲げざるを得ない場面がある。また、考えを曲げることが忍びなく、それを取り下げないとしかたのない局面もある。そうした本心に背かざるをえない状況において、私たちは「やむをえず」という表現を用いる。

それを平仮名で「やむおえず」と書く人は、「やむ」と「おえず」から成る語だ、と異分析をした結果かもしれない。また、「ヤモーエズ」というように発音する人があるため、「やもおえず」「やもうえず」などと記す人もいる。

しかし、これは漢字を交えると「已むを得ず」となる決まり文句である。「止むを得ず」という表記を認める辞書もある。そのように書かれるケースは明治初期にも見られ、今でも続々と現れている。このうち、現代における「止むを得ず」という表記の使用は、「已」という字種が常用漢字として認められていないこととも関連するのであろう。それにもかかわらず、学校の古典文法に出てくる用語の「已然形《いぜんけい》」は、既にそうなっている、やめている、終えている、といった意味から付けられた名称であり、「未然形」と逆の意味である。

この字の形は、全く別の字である「己」（キ・コ）や「巳」（シ・ジ）と似ているために、中国で楷書が成立して以来、しばしば混同されてきた。今でも、日本の人名や社名などで、「アレ？」と思う例がよく見られるであろう。それらを区別して覚えるために、「みは上に、おのれ・つちのと下に付き、すでに・やむ・のみ中程に付く」などという歌が作られ、漢和辞典の『大字典』に載せられるほど、人口に膾炙した。「已己巳己」と並べて「いえしき」などと読ませる姓もあったとの「伝説」もある。

これらのよく似た三字は、字源からは互いに他人の空似とされるが、「巳」を転倒させたのが「已」だとする説もあった。農具の「すき」の象形文字だと近代の何人かの字源研究家が珍しく一致して説く「已」は、と

りわけ不安定な字体であって、

「台」（元はダイ（臺）ではなく、タイ・イ）の「厶」

「耜」（シ　農具のすき）の旁の部分

へと、楷書で字体が派生していった。実は「以《イ》」から「人」を除いた「ㇾ」という部分も、この「巳」から変化して生じたものであった。

先の「止むを得ず」という語句は、元は漢文から出たものである。故事成語といわれるものではないので、ほとんど目立たないが、「不得已」という表現が先秦時代から存在し、『孟子』や『老子』などで使われている。それをお経の如く「棒読み」すれば、「フトクイ」となる。実際に、この種の語句が「不可分」（分かつべからず）、「不得要領」（要領を得ず）のように音読みで日本語の中に定着するケースもあったが、「不得已」の場合は、「レ点」を二つ加えた、この漢文訓読による読み方だけが定着した。古文書で用いられ、明治時代に一般化が進んだようだ。

中国語では、古典的な漢籍以来、今日でも「不得已」はよく用いられており、普通話では「bu^4 de^2 yi^4　プー・ダー・イー」というような発音である。

ベトナム語でも、実は「やむをえず」という意味で、「バト・ダク・ジー」という語句がある。それはまさに中国の「不得已」という漢語をベトナム漢字音で読んだ漢越語である。特に堅苦しい表現ではないそうで、日常の会話でもよく出てくる。中国よりも南の地で用いられるベトナム語は、中国語とは起源を異にし、系統が別の言語とされるが、基層となるそれぞれの言語がともに単音節語であり、かつ互いに孤立語的で、文法構造にも類似性があるため、地政学的、また社会的な条件を除いても、こうした漢語の表現を受け容れやすかったのであろう。

それでは、中国から見て東北に位置する朝鮮半島ではどうであろう。「やむをえず」という意味で、「プ・ドゥギ」という語句が存在している。「hada」（ハダ）を付して形容詞化させることもある。これがやはり「不得已」であり、その朝鮮漢字音による漢字語である。中国から流れ込んだものであり、ちょっと堅苦しい言い回しだそうだが、一般的に話し言葉で使い、特にビジネスではよく使うとのことだ。

朝鮮語（韓国語）もまた、中国語とは、全く系統の異なる言語であるが、大量の漢語（漢字語）を中国から受け容れた。先のベトナムと類似する環境にあったが、漢語と固有語との間で音節の類似性が、漢語と日本の固有語との間よりも高いこともあって、こうした古典漢語の移入が、まま見られる。

日常の生活から漢字を失いつつあるベトナムと韓国で、こうした古典的な三字漢語が残っているのに対し、多くの漢字を日常に残す日本語ではこの三字を音読みすることはまずない。「不得已」を「フトクイ」と日本漢字音で読めば、今では「不得意」の語と衝突するばかりで、耳で聞いても意味がとらえられまい。

中国の周辺において、漢字を廃止し、また廃止へ動く国々では、字音による語が表音文字によって残り、漢字を限定しながらも使い続ける日本では、字音語ではなく、固有語の訓読みに置き換えられたフレーズとなって存在し続ける。

「やむをえない」心境は、どこに暮らせど、避けがたく訪れ続けるものなのだろう。そこにも漢字圏周辺部での漢字の受容の様相の差が現れており、「やむ（已む）を得ず」は、朝鮮半島の人々から習い、改良した漢文訓読を固定化させ、漢字を善くも悪しくも血肉化させた日本語ならではの表現法なのであった。

●──あなたを迷わすスーパーマーケット？

ある時、急に中国の北方へ行くことになった。教え子の学位審査に招かれてのことで、「○」（博士論文となると「チェック」ではない。166ページ参照）か「×」を慎重に書き込む役目となったためなのだが、初めての吉林省は、冬の入り口にしてすでに氷点下一五度の世界であった。

さて、その長春市内で、ある看板を見掛けた。

「迷你《ミーニー》」（mi^2ni^3）で「ミニ」（英語mini）、「超市」で「スーパー・マーケット」。発音からの訳語と、意味からの訳語とが連なったもので、「ミニ・スーパー」という意味だ。

長春市内のお店の看板

この「迷你」といえば、「裙《チュン》」（qun^2 スカート）と熟合した「迷你裙」を思い出す人が少なからずおいでであろう。それが「ミニ・スカート」を意味するものだと聞いた日本人には、「さすが中国の人は、漢字を実にうまく使っている」と、感動する向きがかなりあるようだ。中国の人の「純朴さ」に感心することもあったそうだ。中国語の入門書や雑学本のたぐいでも、しばしば「名当て字」のようにして取り上げられている。

この三字を見て、どのように感じられるかを、日本の学生たちに尋ねてみた。「ミーニー・チュン」のように読むこと、「ニー」は「あなた」、「裙」はスカートのことだとは説明した。すると、次のような回答があった。

・男を「迷」わす！（惑わす・誘惑する）
・「迷」という字のせいで、ミニスカートを批判しているように感じる。
・「迷」の字があるから、気の「迷」いで身に付けるもののように思う。

やはり、表記に用いられた漢字が、表記のもつニュアンスの解釈に影響を与えるようだ。さらに、

・「迷」惑な格好というイメージ。

・目のやり場所に「迷」うから。
・「迷」った時に使えるスカート。
・まだ「迷」っている、若いの意味かと。
・はいてもいいのか「迷」っているため。
・スカート丈が短すぎてどれか「迷」ってしまうから。

などという意見もあった。小さい子が「迷」子になるから、見えそうでハラハラするから、何も利点がないのにどうしてはくのか理解ができないから、などほかにも漢字の意味をなんとなく、あるいは強く意識した回答が出た。語を構成する字を視覚的に分析して、語義やニュアンスを見抜こう、考えようとする傾向が日本人にはけっこう強いことがうかがえる。

しかし、当の中国の人に聞くと、「その外来語に、漢字を当てた人は、意味まで考えたのかもしれないが、私たちはふだん何も考えずに、見たり書いたりしている」という趣旨のことを話してくれた。ミニスカートがかつての中国では珍しく、斬新な服装であったことは確かであるが、それは日本でもそう変わらないことであった。外国語を中国語に外来語として取り込むためには、音訳であれ意訳であれ漢字を介するしか選択肢がほぼなく、身近すぎてごく当たり前の存在である漢字による表記について、とやかく顧みることすらないようだ。

ほかの中国人留学生たちによると、実際に中国の人々は、「ミーニーチュン」という単語を、子供のころに耳から覚えるのだそうで、それが英語からの外来語とも意識しないうちに、聞き取って習得するわけだ。中国にはむろんカタカナがない。ピンインというローマ字も、大人のきちんとした表記の場面では通常使用されない。後になってから漢字による表記を知ることになるのだが、「あなたを迷わせる（惑わす）」なんて意味は、彼女たちによると別に読み取らないのだそうだ。誰に聞いても本音としてはたいていそういった答えが返ってくる。

漢字は、中国では中国語（漢語）の発音をさらりと表す文字として第一に機能している。日本のように、漢字の字体や構成、そして字義など目に頼ろうとする表記としては、案外さほど意識にのぼってはいないのだ。

どうも日本人は、漢字について、こうした熟語であっても、「人」「食」「親」など単字であっても、字の意味を深く、とはいえ直感的に、考えすぎる習性があるように思える。一部でもてはやされる新奇な字源説についても、持ち前の会意好きを超えて、思い当たる点はなかろうか。「子供」などの当て字や交ぜ書き表記の昨今の状況にもそうした節もあろうし、「豆腐」のような身の回りの表記の状態（77ページ参照）についても、それは感じられるであろう。

漢字というものには、必ず深い意味があるはずで、それを読み取らなければ、という思い入れが日本では支配的であるようにも感じられないだろうか。それは、なまじ、ひらがな、カタカナという主に発音だけと結びつく表音文字と併用されていることとも関わっていよう。つまり、それらと比較すると、漢字は意味を強く担っていて、それが漢字にとって極めて重要なことだ、という意識にもよるのであろう。漢字は相対化を経て、その種々の特性から絶対視される傾向が看取される。殷代以来、仮借が表記に多用されてきたこととは異質な状況といえる。

また、漢字の永い来歴、複雑な字体と構成要素の組み合わせによる表現に対しても、一種の「かいかぶり」が生じていないだろうか。日本人は、中国の宗教や思想などに宿った神秘的なイメージに概して弱いようだ。中国で抱かれるそれよりも、さらに強いという可能性すら感じられる。画数による占いや時折巻き起こる「漢字ブーム」なるものの根底を支える意識の中心に、このような空想があるのだとすれば、そこからの実質的な展開は望みがたい。そこには、中国の人ならば、日本人と違ってきっと漢字を使いこなしている、という思い込みも重なる点があろう。しかし、中国の人であってもやはり漢字は間違えることが往々にしてあるし、そもそも辞書に載っている字であっても、読みも意味も知らないというケースは少なくないのである。

最初に戻って、「超市」は、中国における外来語に対する直訳であり、別の観点からはもちろん意訳といえる。凝縮された意味の表出機能を漢字が十分に発揮している典型例であり、それで熟語を形成しているともみられる。[*1] これと、上記の「ミニ」の音訳とは、実は截然と区別してとらえる必要があった。ミニスーパーが、「あなたを迷わすスーパー」という意味が常に込められているものかどうか、写真を見ていただければ、おのずと明らかではなかろうか（別の色々な意味で迷ってしまうことはあるかもしれないが）。

＊1：ベトナム語では、スーパーマーケットのことをシエウ・シとも言う。「超市」が中国から入ってきて、漢字は用いないはずだが、中国式の漢字音をベトナム漢字音に転換し、定着させたものだ。耳で聞いても語の構成をある程度のベトナム人は理解できるそうだ。

●──「肌」で感じること

夏休みが長いと羨ましがられることがあるが、実際には優雅とはほど遠い日々で、休暇がほとんど取れないまま過ぎていくことが多い。子供のころにテレビで見た大学教授は、何だか気楽そうでいいなあと思い、学部でも泰然として自適な姿に憧れたものだが、だいぶ時代は変わってしまったようだ。研究、教育とは別の各種の会議は容赦なく入る。さらに引率、集中講義、講演会などそれぞれ複数の場所に出向く。むろん、行けば必ず面白いものに出逢える。

その一つとして、中国は杭州に、院生たちと出かけてきた。そこで見掛けた垢抜けたテレビのCMや、おしゃれな化粧品のポスターなどに大きく記されている「雪肌精」という漢字が気にかかった。教え子の院生がちょうど口頭発表した中に、「肌」という字は中国では古くは筋肉・肉の意であって、やや遅れて皮膚の字義が広まったという話があったためである。日本のKOSE（コーセー　孝誠からという）の商品名がそのまま中国で用いられているのだ。

さて、中国の人々は、日本の女優さんとともにある、ロゴマークにもなっているこの商品名の意味を、どのように解釈しているのだろうか。

現代の中国では、「肌理」(ji^{1}li^3)はハダのきめを表す書面語として残ってはいるが、一般にはハダは「皮膚」(pi^{2}fu^1 皮肤)と表現し、「肌」の字は生理学用語などとして筋肉を表すようになっている(ほかに身体を指すこともなくはない)。つまり、一般には「肌」という字は、実は「肉」、それも「筋肉」と解されるようなのである。

「雪肌」という熟語は、古く韓偓、蘇軾などの詩文にも見える語で、雪のように白い肌という意味の漢語で、女性の美しさを強調したものだ。

「肌」の字は、中国から韓国、日本へとそれらの両義を伴って伝播した。そして日本では、時を経て常用漢字表(一九八一)で字面の影響もあったのであろう。「膚」から「はだ」の訓を奪ったほどに、「肌」は「はだ」として特化されるに至っている。

中国の院生たちに聞いてみたところ、「雪肌精」の「肌」は、やはりどうやら筋肉としか解せないそうだ。固有名詞なので、意味はなんとなく把握しているだけなのであろうが、文系の院生にも理解されないようでは古語としてもあまり機能してはおらず、日本で期待されるようなイメージは得られまい。そのため、この地での売れゆきにも影響があるのでは、などと考えてしまう。固有名詞であるにしても、この後で述べる韓国での題名の例と同様に、漢字のイメージ力を過信することなく、現地でのイメージを確認しておいた方がマーケティングにつながるのでは、などと老婆心を抱いてしまう。

杭州では、テレビのCMで、「肌張力」という熟語も登場した。これは筋肉という意味での使用だったのかもしれないが、先のKOSÉのチラシには「肌肤（膚の簡体字）」という熟語も見られ、手元の中国語辞書では書面語で筋肉と皮膚とされているが、明らかに後者のハダだけの意で用いられていた。そこには日本に留学中の人たちも、その意を解している「美肌」までもが使われており、中国語圏で少しずつ「肌」のもつ「はだ」というもう一つの字義が再認識されていく可能性を感じる。

歯は中国語では通常、「牙」（ya^2）であるが、最近では日本式に「歯（齿）」と記されることが増えてきたそうだ。顔も「臉」（$lian^3$ 脸）だが、同じく「顔」と書かれるようになってきたとのこと。日本製品の高級感、高品質感を演出するための日本語使用の影響で、中国でもだんだんと、古い時代の書籍に用いられていた漢字とその意味が復活していくのであろうか。日本語学習者がさらに増えていけば、抵抗感もより薄れるかもしれない。

中国の共通語（普通話）には、香港で用いられている広東語の影響も随所に現れてきており、「靚《リアン》」（美しい　後述210ページ）など、やはりそれも古い漢字と字義を復活させる契機になっている。辺境に残ったそれらの古い漢字が中央に先祖返りを促すのである。こうした現象は、主に文化よりも経済活動上の交流による、イメージアップのためとはいえ、時間と空間を超越し、方言や言語の差までを超える漢字のダイナミズムを呈しているという思いがする。

●――漢字を使わないことで起こる語の意味の変化――「猟奇」

韓国では、漢字を廃止しようとする動きによって、漢語の発音は残っても、語義が不分明となる例も生じている。交通カードの「充塡《チョンジョン》」は同音語の「充電」と意識の中では合流してきた。韓流ドラマとして一世を風靡した「冬のソナタ」は、原題は「キョウル・ヨンガ」であった。キョウルは、冬を意味する固有語で、韓国の人ならば当然、語義は理解される。しかし、「ヨンガ」とは何かを正確に理解している人となるととても少ないようだ。

漢字で「戀（恋）歌」と記してあっても、漢字を読めなくなっている一般の人々の間では、それは飾りに過ぎないのだそうだ。

韓国では、他の曲名や「…カ（ガ）」という熟語の例から、「ヨンガ」も何となく「歌の一種なのかな」と類推はされるのだそうだ。しかし、たとえ固有名詞であっても、語義が気になって、辞書で確かめてみないものだろうか、などというのが日本の人々に見られる意見である。日本では、仮に「れんか」と仮名で書かれていれば、もしそれがカタカナで、明らかな外来語と思えば、無視したり諦めたりもしよう。しかしなまじ外来語ではなさそうだと、やけに気にかかり、その意味や、漢字表記までをも知りたくなるという意識に覆われている結果なのであろう。

韓国映画の「猟奇的な彼女」は原題「엽기적인《ヨプキジョギン》 그녀《クニョ》」を直訳したものだった。その作者は、「ヨプキジョク」という語の意味をはっきりとは知らずに、語感から命名したのだという。英語名にある「sassy」は、生意気だというくらいの意味である。「猟奇癖」「猟奇殺人」などという、おそらく和製である漢語のおどろおどろしい語義とおぞましいニュアンスは、この漢字列の字面に反映していたものである。しかし、漢字を失ってハングルによってのみ示された発音は、ただ単にイメージだけを浮遊させ、新たなイメージへと転化されていったのである。

さらに韓国では、その語がこの映画によって近年流行語となり、友達同士でも、変わっている、いたずらっぽい、かわいらしいなどの意味で、「猟奇的だね」と言い合うようになったのだそうだ。ヨプとは何か、キとは何かについて、直感も分析行為もなくなってきているのだそうだ。ハングルによって意味が変わり、それが固定化したのである。なお、この原題をそのまま用いた日本側は、インパクトを狙ったにしても、やや安易だったという点はなかろうか。「猟奇」の語を同様に用いていた中国では、この映画に対して「我的野蛮女友」と、

「野蛮」に変えて訳した題名で知られている。

このように、漢字は、語の本来の意味を縛ってもいる。その表記が表音文字に移った時には、意味も解き放たれて、移ろっていく。これは、先の漢字によって意味が偏ってきた「性癖」とは逆の現象である（38ページ参照）。しかし、それらを通じて、いずれにも漢字の今なお強く作用している表意的な性質が見出されるであろう。

●――「ふすま」と「アオザイ」の共通点――「襖」

「襖」という字の旁は「奥」か「奧」か、字体に揺れがある。紙面はともかく、パソコンの画面では見えにくいかと思う。携帯電話の画面上でも、「奥」と「奧」との区別が全く付かない字形となるものがあった。中身が「米」か「釆《ハン》（ノ米）」か、という違いである。*1 この字体の細部での揺れ以上に、「襖」の字義の揺れは漢字圏において大きかった。

日本では、この字を、木と紙でできた日本家屋の伝統的な建具の「ふすま」として用いてきた。一方、ベトナムの多数民族である京《キン》族は、その民族衣装である「アオザイ」の「アオ」の表記に、この字を用いていた。このいかにも日本らしい和室の建具と、なんともベトナム的な衣装とに、同じ漢字が用いられていたことには、どのような理由があったのであろうか。

ベトナムでは、丈の長い上着である「アオザイ」が伝統ある衣装として有名だ。清朝の満州族（満州（洲）は音訳とされる）が着ていたチャイナドレス（旗袍《チーパオ》 qi^2 pao^2）から、南国の暑さを逃れるために素材などを改めて生みだされたもので、「Áo アオ」は、衣服・上着の意の漢越語であり、漢字で「襖」と書かれた。「dài ザイ」は、長いという意の固有語であり、チュノムとしては音義を表すためと見られる「曳」を旁に寄せた「䞕」といった字が造り出された。女性の体にぴったりフィットした造り、切れ込むスリットが印象的で、学校や航空会社などの制服としても見かけられる。
「襖」という字は、中国では古典的な意味としては、その「うわぎ」のほか、「かわごろも」「あわせ」であった。現代の中国語では、「ao^{3} アオ」と読み、長い衣のほか、中国式の裏付きの上着を指す。簡体字では発音によって「袄」となっているが、その字を見ると、北京出身の院生は、上着だと感じるものの、「ちょっと古い言い方っぽいですね。小さいときは使った言葉でした。今、もし使ったら田舎者のような感じです」と述べ、今は「上衣」とか「夾克」（ジャケットの音訳）、「大衣」「外套」などの語を使うようになっているとのこと。

また、中国東北地方の出身の院生は、「冬に着る暖かい服を思い出します。昔だったら、「綿入れ」の服をイメージします」と語る。年を取った人ならば、その字で「綿入れ」をイメージし、若い人だと「皮」の裏地が付いた上着をイメージする傾向があるそうだ。「夾袄」は、裏地があって、中に綿が入っていないもののことである。なお、その東北地方の田舎では訛って語頭に「n」が加わり、「nao^{3} ナオ」と方言で読む。

日本では、「ふすま」よりも実は「あを」（あお）と読まれることのほうが古かった。これは「襖」の日本漢字音（呉音・漢音）である「アウ」から転化して生じた語である。ベトナム語と発音が似ているのは、中国語の古い発音をともに残すためである。令制の武官の制服に定められて以降、公家の略服である「かりぎぬ」（「かりあを」から）、あわせの上着へと、その語が指す服の実体は移り変わった。中世期以降の「素襖《すおう》」（すあを、すあうとも。「素袍」とも記す）にも、この語が含まれているようだ。

日本では、これとは別に、布団や寝具などの夜具を指す「ふすま」という和語が存在していた。それを用いる寝所での間仕切りとして「ふすま障子」というものができる。さらにそれを単に「ふすま」と称するようになった。それが両面とも布地張りであったことから、同じように両面布地でできていた「襖《あを》」の字が借りられて、ついにこの字が「ふすま」という建具を指すようになり、訓読みとしても定着をみたと考えられている。その国訓のために、逆に、「ふすま」で「あを」のことを指すことさえ起こっていたともいう。

朝鮮半島でも、朝鮮王朝時代（李氏）には「襖裙《オグン》」（o gun）で、女性のトゥルマギ、つまり朝鮮特有の外套のような着物とチマを指すことがあったようだ。いわゆる韓服のコートのようなもので、日本ではツルマキとも書く。

漢字圏各国では、衣食住にわたって、中国からの強い影響を受けてきた。しかし、それぞれの国における気候や産物、基底にある習慣などは異なることが多く、それらに適合するべく新たなものが生み出されてきた。漢字は、それらにも、柔軟に覆い被さっていったことがうかがえるであろう。とりわけ、訓読みという方法を体系的に定着させた日本では、固有語の意味変化までが加わり、その変容ぶりはいっそう甚だしかったのである。

＊1：「のごめ」は、「釆」が「ノ米」と分解できるところからできた名称のようだが、「禾」の「のぎ」は「ノ木」という分解による部首の名称が現れる以前から、稲科植物の先端にある突起を意味する「のぎ」という和語があるため、「ノ木」とは暗合である可能性がある。なお、この「釆」に田を加えた字が「番」であって、「采配」の「采」とは別字である。

「節」の広がり

「節分」は二月三日、「立春」の前日であり、暦の上では、冬が終わり、春が始まることになる。

子供のころ、母親に連れられ、近くにあった新井薬師に、お相撲さんたちが投げる豆を拾いに行った。力士らの手から大豆や落花生のほか、蜜柑《みかん》、時には硬貨まで飛んでくる、ワクワクする行事だ。当時は、恵方巻などという風習は、我が家に全く伝わっておらず、家や小学校では、窓を開け、やはり「鬼は外、福は内」と大声で唱えながら、炒った大豆を撒《ま》いたり、歳の数だけとそれを食べたりしたものだ。

この「節分」の「節」は、竹冠であるところからもうかがえるとおり、元は竹のフシを表す字であった。そこから、フシ目のようなものであれば、音楽のフシや、季節のフシめ（五節句、二十四節気ほか）なども表すようになったわけだ。

日本では、中国や韓国と同じように、立春の後、間もなく「旧正月」を迎える。正月の「お節《せち》料理」（13ページ）の「節」も、こうした漢語の「節」から来ているものであった。

季節の節目だけでなく記念日のことをも、現代の中国では「節《ジェ》」（jie^2）と呼んでいる。台湾、香港などと異なり、大陸やシンガポールなどでは漢字は「节」と大幅に簡易化されている。たとえば旧正月は「春節《チュンジェ》（节）」と言う。

韓国では、漢字は街中から失われ、ハングルしか見られなくなりつつあるが、やはり「節」は残っている。この字を朝鮮漢字音では「절《チョル》」のように発音する。漢字で書くとなれば、いわゆる旧字体によって印刷されるのだが、「節日」（チョルイル・チョリル）、「名節」（ミョンジョル）など、今でも漢語として使われている。

すでに漢字文化圏であることさえも忘れられつつあるベトナムでも、この「節」という語は伝えられているのである。今から四十年余り前の一九六八年、ベトナム戦争は大きな転機を迎えた。それは、一月末からの北ベトナム人民軍と南ベトナム解放民族戦線（ベトコン）による一大攻勢によるものであった。これを「テト攻勢」と呼んでいるが、この「テト」こそ、「節」のベトナム漢字音の一つ「tết」であった。ベトナム語では、旧正月のことを「テト」と呼ぶのである。なお、ベトコンは漢字では「越共」と書き、これもベトナム漢字音なのであった。

つまり、「節」という漢字は、北京語を話す中国の人が「ジエ」のように読み、日本人が「セツ」「セチ」と読むように、漢字を識《し》っている韓国人は「チョル」と発音し、ベトナム人は「テト」のように発音したのだ。

儒教道徳や律令制度など中華文明、中国文化を共有し、冊封体制まで形成したかつての漢字文化圏は、すでにどこにもないかのようだが、それらの地では、漢字の字体、字音、字義に変容を呈し、時にそのいずれかを消滅させながらも、その遺産はなおも受け継がれているといえよう。

「愛人」の立場

中国や韓国などからやってきた留学生の人たちと話していると、漢字についても面白い事実をたくさん聞くことができる。その一つとして、先に上梓した小著[*1]に盛り込まなかった話を書いてみよう。

「愛する人」と書く「愛人」という熟語の意味は、日中の「同形語」のうちでも、日本語と中国語とで意味が違う例としてあちこちでよく取り上げられるものである。中国大陸で使われている中国語では、通常、「愛《アイ》人《レン》」(ai^{4} ren　字体は実際には「爱人」と簡体字)といえば、「正式な配偶者」を指す。これは中国の人の用いる中国語という言語が明確な表現を好む実例として扱われることもある。この用法は、清朝滅亡以降に生じたもので、男女平等とするために毛沢東が広めたものとも伝えられている。

一方、日本語では「愛人」というと、社会道徳に合わない交際対象を指し、一般にどこか淫靡な響きさえも感じられかねないようだ。以前、上映されて話題となった『ラマン　愛人』(L'Amant)のようなイメージが強く意識されてしまうようで、「「愛人」と結婚することになった」と正直に言われると、披露宴などでのスピーチも考えてしまう、といった反応も生じかねない。

中国語では、「「愛人」と結婚することになった」という意味の文は、先に述べたように、普通、「愛人」がすでに結婚している配偶者を指すため、そもそも成り立たず、「非文」となる。

実は、韓国においても「愛人《エーイン》」(表記はハングルで애인が多い)という漢語がある。それは実は「恋人」というくらいの意味で一般に使われている。つまり、「「愛人」と結婚することになった」と、韓国語で宣言すれば、同姓不婚の困難もなく、順当に導かれた結果として皆から祝福される。

このように漢字圏で、「愛人」は意味が三段階も入り組んでいるのである。外国語が喋れなくても筆談ならばできるものだ、などと思い込んで、他者について安易に紹介しようとすれば、あらぬ誤解を生み出しかねない。

同じように漢字を使用していた三か国で、なぜこのような差が生じたのであろうか。漢籍にさかのぼれば、「愛人」は「人を愛する、いつくしむ、いとおしむ」といった意で、古代より存在した語であった。日本でも、福沢諭吉は、著作で「愛人」を用いているほか、中村正直は「敬天愛人」を漢籍から用い、その四字熟語を書名にも採り入れたほか、西郷隆盛もそれを信条とした。この「愛」の字は、歴史とともに字義を変えてきて、*2 実体がとらえにくい。

それと相前後して、幕末から「愛人」は、「honey」「lovers」「sweet-heart」などの翻訳語として、愛する人として恋人や社会的に容認されにくい関係にある相手を指すようにもなり、さらにその「愛人」の語は、戦後に「情婦」「情夫」の婉曲的表現として広まったという(『日本国語大辞典第二版』など)。当時はニュートラルな語感を帯びていたのだろう。

韓国語には、戦前の段階で、自分の妻という意味があったほかに、日本での一つの意味と同じ「愛する人」が記録されており、その定着が進み、三か国の中で唯一残存した。韓国では、一九六〇年代の辞書にも恋人の意が収められているが、どこまで遡れるのであろうか(近年の『日本語套(式)用語醇化資料集』には出ていない)。中国にも、愛すべき(かわいい)人としての古典での使用例があるほか、民国成立後より恋愛対象を指す用法も見られたのだが、三者の影響関係はなお明確にはしがたい点がある。ただ、台湾などでは中国語(国語とよぶ)の中であっても、日本語と同じ意味で「愛人」の語が使われているのだそうだ。確かに、テレサテン(鄧麗君)が歌っていた中国語の曲でも、「愛人」は日本語と同様の意味で出てくることがあった。これは、やはり日本から伝播したものであろう。

近年、中国大陸においても、日本語からの「愛人」という熟語とその語義がテレビドラマなどを通じて知られるようになってきたそうだ。その影響もあって、中国大陸の一部では配偶者について「愛人」と称することを避ける傾向も生じているのだという。「愛人」にははっきりしない影が残っているものの、日本語の「愛人」の力は相当のもののようだ。

＊1：『訓読みのはなし　漢字文化圏の中の日本語』（光文社新書）

＊2：「心」が字体のどこにあるかによって、「愛はま（真〈間〉）心、恋は下心」というフレーズもはやっている。

●――「妖精」の姿

何年か前に、法制審議会で「戸籍法」に基づく「人名用漢字」の追加に関わったときに、子供の名付けに使いたいのに認められなかった漢字について、全国の法務局から寄せられた要望の整理・集計に携わった。その際、想像を遥かに超えたいろいろな驚くべき現実に触れた。その一つが「妖」という漢字を、子の名に付けたいという複数の声であった。「妖」の字義には、大きく分けて「なまめく」と、「あやしい（もののけ）」の両義が辞書にあり、一見異様に感じられた。[＊1] 水木しげるやベム・ベラ・ベロなどで馴染みの「妖怪」は別として、「妖艶」な女性になってほしい、ということであろうか。芸名としては「妖子」など見かけていた。

いや、それよりも、ヨーロッパの森にいるとされる「妖精」のような女の子に育ってほしい、との願いからなのだろう。ディズニーのアニメなどでも、ピーターパンに寄り添うティンカーベルのように、小さくてかわいらしい、羽が生えた精霊こそがその姿であるという印象を与える。その少女は舞台では、光で表現されることもあった。

かつてオリンピックにおいて、超人的で美しく完璧な活躍を見せた、体操選手のナディア・コマネチは「ルーマニアの妖精」と喩えられた。西洋の伝説や様々なフェアリーテイル（fairy tale）の挿絵は、妖精のイメージ形成の一端をなしている。一九一六年から一九二〇年にかけてイギリスで撮られたコティングリー妖精事件の写真に収められた、そうしたものによく似た少女のような、蝶のような妖精の姿は、深く眼底に残るものである。ただし、古くケルトやラテンの物語に出てくる広い意味での妖精の中には、ニンフ（Nymph）の類とは全く異なり、人間よりも背の大きい男、ややグロテスクな容貌を持つ者、さらには竜や人魂さえも描かれているそうで、そのイメージは元は様々であったようだ。

日本では、古くは「妖精」の語を、後で述べるような妖怪変化《へんげ》という中国の意味のままで使った。やがて美しい少女のような姿態のfairyという概念が欧米から入ってきたため、大正期ころには「妖精」の二字にそのイメージが伴われるようになり、その訳語のようにして使われるようになっていた。漢語としては「仙女」（せんじょ・せんにょ）も当てられたが、字面から滲み出る東洋のイメージがあまり相応しくないと意識されたのであろう。

韓国でも、「妖精」は「요정《ヨジョン》」として、日本語と同様の意味で使われている。ただし、韓国では、字音語であってもハングルでしか書かれなくなってきたため、留学生たちは「妖精」と「妖怪」（요괴《ヨゲ》）とで、「요」が類似する意味を共有している成分であることに気付いていなかったという。漢字を用いなくなったことで、熟語は一まとまりの発音の連続としてしか、捉えられないようになってきており、漢語か固有語かという意識だけではなく、語源・語構成に関する知識も失われつつあるようだ。むしろ、日本語を学習して、初めてこうしたことに気が付くともいう。

中国では、「妖精」は現在、yao^{1} jing（ヤオジン）と読み、日韓と異なり、化け物を意味する。比喩としては、狐狸（キツネ）が化け、男を色香で惑わす妖婦を指す（この喩えは清代には現れている）。日本語でいう愛人（前項参照）のことを、そのように称することも起こっていた。これを一部の日本人は手を叩いてうまい表現だと褒めるが、実際にはfairyのイメージによるというわけではなく、中国語にあった男を惑わす性情をもつ美人をイメージさせる用法なのだそうだ。『西遊記』に出るような妖怪の女性版が「妖精」だ、と認識している中国からの留学生もいる。「妖精」は中国では古く、流星を指すことばであり、後に意味が変転をくりかえした。ただし、少女のような姿のfairyに当てることは、近年になってやっと現れてきたもののようで、それらにはむしろ「仙女」「小仙子」などを用いている。

中国語からの影響が色濃く残るベトナム語では、「妖精」という語は「yêu tinh」（イエウティン）という漢語（漢越語）として残っており、中国と同様に「妖怪」「妖魔」と類義語で、人に危害を加える、変な姿をした想像上の存在で、ひどく嫌な女性のことも指すのだそうだ。＊2

野山に隠れた「妖精」の姿は、洋の東西を問わず、今も昔も定まらない。「妖精のようだ」と喩えられたら、果たしてそれが称賛しているのか逆なのか、よく注意してみる必要がある。とらえようとすると逃げてしまうもののようだが、日本では2ちゃんねる辺りではある種の男性に対するメタファーとして新たに妙な語義も生じているらしい。さらに、二〇〇四年に「妖」が人名で使用できるようになったことを受けて、本当の「妖精」ちゃんが、どこかの幼稚園辺りに現れているのかもしれない。

＊1：小室哲哉の歌詞の「妖《や》さしい」については、小著『訓読みのはなし』に触れた。

＊2：なお、ベトナムでは、「妖」に「愛する」という字義が生じていた。固有語yêuとその字音が等しいためであろうか（210ページ参照）。

第二節　お金から見た漢字の現在

中国のお金も「円」い

海外へ出張や旅行に出るときなどは、生来のものぐさながら、為替レートを一応何とか覚えようとする。行き先はもちろん東アジアが多いので、中国ならば、人民元で一元《げん》は日本円ではだいたい一五円、あるいは韓国ならば、一ウォンは円に直すと〇・〇九円、なので一〇〇円が……というように。ただ、やっと覚えてもすぐに変動してしまう。

この日本、中国、韓国の三か国で流通しているお金の単位は、「円」と「元」と「원《ウォン》」であり、見た目も聞いた音もバラバラである。しかし、実はこれには共通点がある。日本では通常、「エン」「ゲン」「ウォン」といずれも「〇ン」と発音する。（後二者は末尾の音声が舌を使う[n]）長さも二拍、一音節にまとまっている。それもそのはずで、もとはどれも等しく「圓」と書かれる単位だったのである。

貨幣単位となると、帳簿から値札から何にでも筆記する必要が生じる。しょっちゅう手書きするには「圓」という字体はあまりにも煩瑣だ。記号化をして「¥」などとしなければ、とてもでないがそれこそ不経済だ。「$《ドル》」（この―は‖で$とも）も「£《ポンド》」も、読み取りやすさやスペースの要求に加えて、そうした原因から用いられてきたのであろう。新参者のユーロにだって略記は定められた。中国の「元」に対する「¥」は「yuan」などローマ字による表記の頭文字である。そのため、日本円の「¥」と重複してしまった。日本こそ、「Yen」という綴りはなぜなのか、という難題に定説を得られないままに、これを「エンマーク」として定着させている。ウォンは、「Won」（won）の「W」に「―」が貫くような記号で、これは分かりやすい。

そうした記号は、いかにも金額であることを卓立させてくれて読み取りやすく、そしてなによりも書くのに便利である。しかし、それでも漢字できちんと書かなければならない場面は多く残る。

中国では、漢字について、発音を表す、つまり表音性を最重視する傾向がある。「穀」も同音の「谷」に変えられ、「鬱」などはなんと「郁」へと変わっている。「谷物」「郁病」だ。字義から違和感を覚えるのは、日本語で区別を続けているからにすぎず、日本でも「弁」など同様のことを公認している例がなくはない。こうした同音字同士を通用させる方法による代用は、中国では今に始まることではなく、漢字が現れた古代の殷王朝から見られる伝統的な方法の中にあるものであった。「圓」は、簡体字では「圆」と「員」の部分だけしか簡易化されていない。これでは不便そうにも見えよう。

中国では、貨幣単位としての「圓《ユアン》」(yuan²)は、標準的な中国語で同じ発音をもつようになっていた「元」によって代用されることになった。紙幣では、中国人民銀行の「一元」札には「壹圆」と記されている。手元にあるお札では、「拾圆」「貳拾圆」も同様だ。しかし、材質にもよるのだろうか、硬貨は違っている。漢字では「一元」と、「元」としか書かれていない。「元」にすれば、画数は僅か四画にまで減少できる。

その際には、「元」がもつ「もと」「はじめ」などの字義は捨象される。筆記経済が同音字による代用を公式に定着させた、といえる。簡体字「圆」は大して省略されていない。それは、貨幣の単位には、当て字として画数が少ない「元」が選択されたためだったともいえるであろう。

●――香港、台湾のお金も「円」い

右に記した中国での「圓」から「元」への転化は、中国の漢字の状況を端的に表している。また、「園」という字は、やはり「元」と字音が通じるものであり、簡体字としては「囗」の中に「元」を収めた「园」を採用している（153ページ「幼稚園」参照）。中国でのこれらの字の造り方や字画の省き方に、発音を軸とした一貫性を見出すことができよう。

中国に滞在していると、クシャクシャになった古い人民元のお札や、かなり低額な硬貨も手元に回ってくることがある。それらには、すでに記したとおり、「圆（圓）」や「元」がこともなげに印刷されたり刻印されたりしている。日本では、お金を改めて凝視することはほとんどないが、中国では、偽札を見抜こうとする努力が日常、銀行やお店のカウンターでなされている。しかし、硬貨や紙幣になおも見られるそうした表記の揺れについては気にされることがないようだ。

くり返し述べるが、その語の意味よりも、むしろその語の発音に着目して文字を選び、語を表記することが存外多いのである。書きことばにおいて最も使用頻度数の多い「的」（de）でさえも実は口頭語の助辞などへの当て字だったものである。こうした点からも、中国語では、表音という機能が漢字の役割として意外に重視されてきた、という実態がうかがえる。甲骨文字はもちろん、古文献や木簡、さらには漢籍の文章などでも、想像を超えるほどの、同音・類音字を通用させた仮借《かしゃ》表記がなされているのである。それを、中国での漢字の一つの本質であったとまでみなすのはいきすぎであろうか。

香港ドル（HK$）や台湾ドル（NT$：ニュー台湾ドル）は、政治的、文化的な問題から、繁体字に価値を認め、それを使用しつづけているために、貨幣単位としては「圓」と表記される。しかし、日常生活の中ではやはり簡易な「元」とも記されている。台湾でも、手書きでは簡体字と共通する略字がしばしば用いられているのが実情である。確かに「臺灣」と書いてばかりもいられないのであろう。「你」（儞）など認容した例もある。しかし国語の試験では、公的でない略字を書くと国語の教員に減点をされてしまうとのことだ。

香港では、お札での表記が「圓」から「元」に変わってきたようだ。先に述べた記号化と同様の現象が、中国本土に次いで起こっているのである。いずれの国や地域でも、高頻度で煩雑なものは、神が作りだし王が使ったかの遥かな歴史をもつ文字であっても、社会生活を営む人間の手で、簡便な形へと次第に変えられる。そういう過程を経ることで、いっそう多くの人々へと、文字は近づき、広まってきたのである。

一九九七年七月一日に中国に返還されて以来、現在でも一国二制度が保たれている香港では、「圓」の代わりに「蚊《マン》」(man)と書かれる語も通用している(本字は「文」とのこと)。実際に、これを香港の地で目にしたが、多くの方言文字とともに日常生活の中に、あまりにも溶け込んでいて、当地でそれを見つけても、不思議と違和感はなかった。日本に住む人ならば、貨幣の単位を、虫の「カ」を意味する「蚊」と書くことはなぜか、と感じないだろうか。それが、地元では別におかしいとも思われていないようだ。香港に移り住んで長く、自然に広東語を身に付けたという中国の方も、「そう言われてみれば、なんでかな」と首をかしげるくらいだった。中国語の一つの方言たる広東語でも、やはりこの漢字では意味よりも音が重視されたようだ。

●韓国のお金も「円」い

韓国のある学会で発表する機会をいただいた際に、別室で発表者たち一人一人に、お礼にと手渡されたそれは、一万ウォン(원)札の束であった。その金額の響きと封筒の厚みが心に残ったが、ざっと換算してみると、旅費・宿泊費込みで一般的な額であった。日本での、こっそりと用紙に何やら記入、捺印してもらって、ときにはさらに後日、振り込みをするといった方法とは対極にある。韓国ではいろいろな場面で、直接的あるいは明確な形で人を喜ばせようとするサービス精神に富む文化というものに触れられる。

円

🔍15

ウォンは、一時期の通貨危機を脱したようだ。北朝鮮も、同じウォンという名称の貨幣単位を使っているそ

うだが、そちらはどうなっているのだろう。ともに漢字で表記していた時代には、「圓」という漢字で表記されており、その漢字の発音がウォンなのであった。以前には「圜《ホワン》」（환 Hwan）を用いた時期もあった。これも円いという意味ももつ漢字であり、その場合には「圓《ウォン》」と同音であった。「ウォン」という語も、朝鮮半島ではハングル表記に変わったため、原則としてその簡易な表音文字でしか記されなくなっている。韓国でも「円」という字体が使われることはあったが、それは日本からの影響によるものであったことは、中国での状況と類似する。

円

⊕16

「圓」には、中国では古くから「圎」という「口」の部分を「ム」とする程度の略字ならば生み出され、俗間などでしばしば使われてきた。日本では、平安時代から僧侶の間で、より大胆な略字が生み出され、使用され始めた。「口」の中の「員」をただの「｜」に変えた「⿴囗丨」（⊕15）である。これは、筆記経済を求めての結果であるが、古くは、かの空海の筆跡から見られる。

概して日本人は、漢字には深い意味が込められており、それは字の形に現れている、つまり文字面から見出せるものだという認識が強くある。そうして漢字にイメージを付与する傾向は、中国よりも強固となっている。昨今でも「人という字は」「食という字は」「優しいという字は」などといった話は、挙例に事欠かないほど出回っていて、それがまた妙な説得力を伴って人々の間に受け入れられている。それは、中国で行われた拆字《たくじ》のたぐいも及ばないほど日常化し、字源説との区別もときに失われている。

ただし、僧侶たちは、「菩薩」を草冠以外の部分を省いて「ササ」「艹艹」のように略記する。こうした方法は唐朝に発達した速記法であるが、それが日本に伝来し、さらに中世期以降、独自の応用を続けたのである。これを抄物書きと呼ぶことがあるが、僧侶たちは、必要な情報を合理的に記録しようとする精神を持ち合わせていたといえる（その一方で、梵字を神秘視するような方向に進む者もあった）。カタカナの成立と展開もまた、そうした動向と関連づけられよう。空海は遣唐使船に乗って、唐に渡っているが、彼の地で数々の略字を目にして、その意識と方法を身に付け、さらに独特の略字を編み出したという可能性はある。

その「⿰」という字体は、次第に一般に広まっていく。僧侶の間の位相文字としての性質が使用層が拡大することで薄まっていくのだ。『万葉集』の元暦校本巻六や『雲州往来』という手紙文例集など、中古、中世と時を経るごとに、次第に「円」（16）と下部が徐々にせり上がってくる。この中の「｜」は書いてみると実感として分かるのだが、長すぎる。そしてその線は短いほど字を速く書き上げられる。時代とともに筆記には経済化が進展していくことは、漢字体系内で共通する大きな傾向であった。

日本のお金も「円」い

明治維新を遂げた日本では、政府が旧来の貨幣単位「両」（兩）を、欧米の通貨に合わせて円形にする際に、その名称も変更した。当時、大隈重信がお金を意味する丸を指で描いて説いたことから「圓」が採用されたというのは、「圓」がすでに江戸時代から小判の形によって、「両」の代わりに用いられたり、香港でも早くから用いられたりしていたことから見ると、俗説であるのかもしれない（中国では、「開元通宝」などにルーツをもつ「元」の流れもあったと言われている）。ちなみに「銭」は、アメリカの「セント」に発音も近いので、大隈はそのまま採用したのだともいう。むろん日本の人々も、このように漢字の表音的性質に着目して利用することがあり、中国とは別に行われることだってある。

こうして、「圓」はそのままの字体では、世に広くは受け入れがたくなったのである。そこで、ちょうど存在した「円」という略字が貨幣単位を表記するためにも活用されはじめる。手書きでの頻用を受けて、保守性が強い活字であっても、戦前から見出し活字や小さい活字などで「円」という字体が登場する。活字は、手書きよりも遅れて変化が進むものだが、歴史の縮図を作ることがある。手書きでゆっくり進んでいった「圓」から「円」へという字体の変化をメディアを替えて短期間で再現したのだ。

こうした状況を受けて、戦前の漢字施策案も、「円」を追認する動きを積極化させた。日本銀行本店の建物を上から見ると「円」のような構造となっているということは、やはり偶然ではないのかもしれない。このように貨幣単位に「圓」が採用されたことが略字「円」の流通を決定づけた。この略字は定着し、戦後に当用漢字に「新字体」として採用されたのである。無論、それと並行して「圓形」も「円形」、固有名詞の「圓山」も「円山」などと、正式な場面でも書かれる機会が増えていった（例外的に変わらなかったケースもそれぞれにある）。

今日では、たとえば「200円」は次のように書かれることもある。ひらがなにした「200えん」、カタカナにした「200エン」、英語の綴りを採り入れた「200yen」、ローマ字表記にした「200en」、記号を用いた「¥200」、記号の位置が膠着語風に転倒した「200¥」、記号と漢字とが重複した「¥200円」など、さまざまな表記が店先に並ぶ。具体的な金額ということで婉曲にしようという意図も働いているのだろうか。ここまでの多様性は、いかにも日本らしい。

中国では、「円」は日本の貨幣単位専用の日本製漢字（国字）、とさえ思われることが以前からある。「圓」との関連性が、毛筆により崩した字形ではなく活字体で固まってしまった字面からは、浮かびにくいのであろう。それは、多くの日本人にとっても同じではなかろうか。漢和辞典を見ても、新字、旧字というレッテルや、せいぜい俗字という一言だけで片付けられ、変化の過程を説明してはくれない。多様性を好む一方で、その根源、経緯や理由、法則性をあまり分析しようとしないのも、また日本らしいといえるように思えてくる。

なお、漢字語が色濃く残っているベトナムは、「ドン」(đồng)という貨幣単位を用いており、それは銅貨の「銅」という漢字音である。漢字圏にありながら、「圓」に由来しないという点で、特筆に値する。半世紀余り前まで、「元」(nguyên)を用いた紙幣もあるにはあった(204ページ)。なお、一ドンは二〇一一年六月現在、〇・〇〇四円弱と安い。「銅」という漢越語は、ベトナム語ではたとえば時計という語にも、「銅壺《ドンホー》」と使われている。ベトナムでは、こうしたなにやら古めかしい漢語による表現が目立つ。ベトナムでは、京《キン》族(越《ベト》族)のほかに、中国と同じくらい多彩な少数民族が生活をしている。その中には、チュノムをさらに応用した文字や、中国の壮《チワン》族の壮文字、広東語の方言文字と共通する文字も見受けられる。もしかしたら、貨幣単位に対する「銅」という表記が今なおどこか南方の地で生きている、ということは、さすがにないのだろうか。

お金の「圓(円)」を互いにどう呼ぶか

ここまで、漢字圏のお金の単位について文字の体系、字種、字体、用法、そして語の表記の各面から、主に日本に視点を置いて比較・対照してみた。現在、ベトナムを除く三か国ではそれぞれ、「圓」という共通の漢字とその字音に基づく語を用いていることを確認した。

さて、私が子供のころは、東西の冷戦構造がなお強固なものとして厳然とあり、国際関係は今よりももっと緊迫していた。東アジアでも、そうしたイデオロギーの対立などが複雑に絡まり合って、中国と台湾、中国とベトナム、中国と韓国、韓国と北朝鮮、日本と北朝鮮などの間で、国交や交流が困難な時期があった。それも今では、一部を除き、行き来までがだいぶ可能となってきている。

国際的なやりとりでは、商業、貿易から観光、旅行まであらゆる場面で、通貨の文字を互いに読んだり書いたりすることが必要となる(多くは数字の部分だけを見る)。もし一世紀ほど前の日本人であれば、中国、朝鮮・

韓国のいずれの単位についても、「圓」と書いておけば、後は適宜、各国の発音に合わせて外来語として読み分けるなり、そのまま自国の漢字音で「エン」と言うなりすれば、まずは事が足りたのであろう。それは、中国大陸においても朝鮮半島においても、ほぼ同様の方法が行われたのであろう。

しかし、現在では、状況は逆にそれほど単純ではなくなっている。日本人は、中国の貨幣単位を「元」（人民元）と書き、「ゲン」と読んでいる。自国の漢字音で、ふつうに日本の漢語として読んでいるのである。二〇一〇年頃のアメリカなどによる、人民元の切り下げ要求に関する新聞全国紙の記事でも、「人民元」と振り仮名なしで表記されていた。一方、韓国の単位については、「ウォン」と、韓国語の発音を真似して、外来語としてカタカナで表記している。たいていの日本人は、「円」という漢字を彼の国ではウォンと読む、という知識からそうしているのではなかろう。つまり、韓国の単位については、そこに漢字を介在させることがなく、あくまでも相手国の発音を尊重しているのである。韓流《ハン》スターの名前も同様となっている。

それでは、お隣の韓国においてはどうなっているのだろう。日本の貨幣単位については、日本語風に「エン　en」と呼び、それをそのまま「엔」とハングルで表記している。韓国では、中国の単位も「ウイアン　uian」と中国語風に外来語として呼び、やはりそのとおりに「위안」とハングルで表記する。つまり、韓国では、もはや漢字の存在をほぼ完全に意識することなく、相手国の発音を尊重して耳で聞いたとおりに国語化させ、それをハングルという表音文字で表記しているのである。「ドル」を日本の影響から「弗」と漢字で書いていたために、その漢字音に従って「불《プル》　bul」（日本語のフツに対応する）と称してきたこととは、対極の状況を迎えている。これも今では、やはり現地音（ダラー）に近い「달러《タルロ》」という外来語に取り替えられつつある。

また、中国ではどうであろうか。日本の貨幣単位については、「日元」と表記し、$Ri^{4}yuan^{2}$（リーユアン）と発音する。中国では、韓国の単位も「韓元」（韩元　あるいは韓圓：韩圆）」と表記し、$Han^{2}yuan^{2}$（ハンユアン）

と発音している。つまり、中国は、「漢字の国」と呼ばれるだけのことはあり、すべて自国の規範的な漢字（字種・字体）に直して、しかも自国の漢字音で発音するのである。中国は、ほかの国の貨幣に対しても、自分たちと同じ「元」にしようとした。ユーロは欧元《オウユアン》（Ou^{1}yuan^{2}）と訳され、米ドルさえも「美元《メイユアン》」（Mei^{3}yuan^{2}）が定着している（この「美」はアメリカへの音訳の一つから定着したもので、字義はほとんど意識されていない）。なるほど、オバマ大統領だって「奥巴馬」のように漢字で音訳し、「欧巴馬」では欧州とイメージが混乱するという点では字義をある程度意識するようではあるが、その漢字列を中国語の発音で読むことによって、初めて中国語となり、中国社会で受け入れられるのである。「中島」さんも「中嶋」さんも、「なかじま」さんも「なかしま」さんも、中国の字体と字音となって受け入れられる。そういう点で、漢字は中国語と一体なのであった。

先日、少し気になりだしたことがあり、久しぶりに大学図書館に向かい、本をめくる時間を僅かではあるがもてた。イギリス人宣教師モリソンが一八二二年にロンドンで刊行した中国語辞典には、「dollar」すなわちドルの訳語として「圓」が記されていた。後の同じくメドハーストやドイツ人宣教師ロブシャイドに至ると、「圓」のほかに簡易化された「員」「元」も辞書に用いている。清朝の時点で、それは辞書に載るほどに行われてきたことなのである。

●——「円」ではなく、金偏によるお金の漢字

中国は、他国の貨幣単位であっても、自国の「元」を用いて表現し、中国語でそれを発音しようとする、いわば集約化の傾向があることは右に確かめたとおりである。

それに対して韓国は、現地つまり相手国の音を、それが固有語であろうと漢語であろうと語種や出自を問わず、すべて外来語のように扱って、ハングルで一元的に表記するという明確な立場をとっているのであった。どの

文字を使っているかと考え、漢字を介在させれば、その判断にも迷いが生じるところがあったことだろう。多様化を容認する態度とも見えなくもないが、そこには徹底した漢字離れの状況が反映していたのである。

さて、日本は、どうだったであろうか。中国に対しては「元」と漢字表記をして「ゲン」と日本漢字音で読む。すなわち自国漢字音尊重主義である。一方、漢字を使わなくなってきた韓国に対しては、「ウォン」とカタカナ表記をし、そのまま「ウォン」と読むという相手国漢字音（現地発音）尊重主義となっている。つまり使い分けの態度が生じており、中国と韓国とのちょうど中間の、折衷的な方法をとっていることになる。日本は何ごとにつけ、曖昧といってしまうと何も分からなくなってしまうのだが、外来の事象を自己の独自のフィルターを通してなるべく自国へと取り込み、そこで細分化して、各々に意味やイメージの付与を行うという、多様性を拡大していく方向を選ぶようだ。

これは、漢字圏において、互いの姓名をどのように表記し、いかに読むか、呼ぶかという、歴史的な事情もかかわる問題の根底に潜んでいる、無意識化した慣習なのであろう。

さて、中国では、タイのバーツ（บาท 記号฿）を「銖《ジュー》」（zhū）という漢字で表すことがある。タイ語は、中国語と系統的には類縁関係にあるともいわれ、種々の共通点が見られる。「タイ」も「泰」や「傣」などの字がそれぞれ近似の発音によって当てられることがあるが、そもそも漢語の「大」と同源だと説かれることもある。言語類型論においては「シナ（漢）・タイ語派」が示されたことがあるように、実は互いに共通性をもつ近い言語のようだが、タイ国ではインド系のタイ文字を使用しており、両者の関連は意識されにくくなっている。一方、タイ系の少数民族には、中国でもベトナムでも漢字を改めた独特な文字を用いているものがあり、漢族や京族に近い印象を得かねない。こういった点からは、やはり文字が言語や民族の本質を覆い隠してしまう危険性を、一端ながらうかがうことができよう。

この「銖」という字では、現地であるタイ国での発音から遠く、意味も単位でも元々中国では重さを表していた。これによく似た「銖」という造字を、以前、中日辞典で見かけ、中国では他国の貨幣単位を音訳するために、漢字をわざわざ造っていることに、必要から生まれたものとはいえ驚いたものだ。広東語の発音がベースにあったのだろう。これこそ、先の「銖」の元の姿だったのでは、と思えてこないだろうか。

お金の漢字の最終回

戦前に、ブラジルで行われていた貨幣単位「ミル・レイス（レース・レーイス）」は、そのポルトガル語でmilが千を意味することから「釺」（⊕17）という字で書かれたことがあった。また、「伯剌西爾」という表記が一般に流通していた当時、日本とは地球の裏側にあるような外国の地で印刷された邦字新聞に、これが活字で印刷されているのを見たことがある。日本の国土を離れた日系人の間の一種の「国字」なのであった。あるいは根底には、貨幣単位の「銭《セン》」の部首や発音、意味（字義）などに基づくところもあったのだろうか。何とか漢字一字で貨幣単位を表記しようという意識が、こうした苦心作を生み出したのであろう。

釺

⊕17

ベトナムは、146ページでも触れたとおり「ドン」が通貨の単位となっている。これは漢字圏において、「圓」とは別系統の語であった。かつて銅貨を用いていたところから、「銅」のベトナム漢字音による漢越語「ドン」(đồng)が、そのまま通貨単位となっているのであり、通貨記号は「₫」とされている。[d]という音を表すために、「d」の上部に横線を貫いた「đ」が、チュウクオックグウと呼ばれるベトナム語のローマ字ですでに用いているために、そこに下線を引くことで、両者を区別しているようだ。

「ベトナムのドン」という言い方などからみて、日本語ではそれが「銅」という字の漢字音であったことは

忘れ去られ、「ドン」と現地の発音をほぼそのままに外来語として受け入れていることが明らかだ。韓国ではこれを「동《トン》」と元の漢字「銅」のように読んでいる。ここには漢字音主義のなごりがあるのだろうか。

そして中国では、何と「盾《ドゥン》」($dung^4$)という字で表現されている。漢語に対して、別の漢字を当てているかのようである。声調は似ているが、韻母に「ong」と「un」の差があり、「音訳」とされると気に掛かってしまう。南方の方言が関わるという話も聞いたが、インドネシアのルピアなども、中国語では「盾」と訳されるので、あるいはかつてのギルダー(これは漢和辞典などでお馴染みの「訓」)に対する訳語が転用されているという可能性はないだろうか。

日本では株式市場などで、「円」の下に「銭《セン》」という単位がときおり登場する。このように、漢字圏各国では通貨に補助単位も存在している。たとえば、香港の「港元」の「仙」は、ドルの下のセントへの当て字によるものだろう。そうすると日本の「銭」と共通点が現れてくる。ここでもすでに触れたとおり、大隈重信侯が、ドルの下のセントの発音に合わせた機知で、江戸時代の「銭」をそのまま採用させて定着に一役買った、との話が伝えられている。韓国でも「銭《チョン》」があったが、中国からの直接の影響ではなかったとすれば、セントの影響は、そこまで広まったということになる。

単位や補助単位がさらに異称・異表記をもつこともある。それぞれにまた来歴があり、互いに共通点・相違点があるのだが、使われる機会が減っており、また話がどこまでもややこしくなっていく。さらに、ポルトガル領であったマカオ(澳門)地区で行われる貨幣もある。マカオでは香港ドルも流通しているそうだが、パカタつまり澳門幣は「澳門元」「葡幣」とも呼ばれ、その単位「圓」(圆)は当地の広東語ではやはり「蚊」となり、その百分の一が「仙」である。

また、ベトナムではかつてピアストルを使っていた時期があった。それは銀を意味するバク(bạc)で表現され、チュノムで書くと形声文字で「鉑」となり、近代中国でのプラチナという元素への訳字とたまたま字体が一致している。そうしたことなど、気にかかることは尽きない。しかし、お金の話をあまりに続けるのも何なので、もうこのくらいにしておこう。

第三節 学校から見た漢字の現在

幼稚園

次男が弁当を持って幼稚園に通っていたころ、そのついでのように、私も弁当を持たされた。研究所勤め以来のことだ。その子に、弁当を残さず食べるようにと励ますつもりで、語りかけてみた。

「お父さんも一緒のお弁当だから、別々のところでだけど、たくさん食べようね」

年少児は答える、

「お父さんとは、別々の幼稚園だからね」

その兄については、ガッコーつまり小学校に通っていると知っているのに、「なぜ？」と、心に引っかかったので、数日後に説明してみた。

「お父さんは、幼稚園じゃなくて、大学っていうところに行って、お弁当を食べているんだ」

すると、二男は違うでしょ、とばかりに答える、

「ダイガク幼稚園でしょ！」

確かに「最高学府」という語が古語のようにも感じられるとおり、ダイガクにも、ちょっと幼稚園のごとく、平仮名を教えてみるなど、基礎造りのようなさまざまな時間もあるほか、お遊戯のようなことをさせられたりもしているかな、と思い当たってしまう。

この「幼稚園」という漢語は、フレーベルの造語とされるドイツ語のKindergartenの訳語だそうで、明治初期からあらわれ、「幼穉園」とも書かれた。*1「幼」は「幺《ヨウ》」が声符つまり発音を示す要素と解釈されることもあ

るが、そうであれば部首が声符を兼ねるという、比較的珍しい漢字ということになる。「幼稚（幼穉）」という語は、幼いと、稚《いとけな》いという二字が組み合わさった熟語で、年が少ない、幼いというだけの意味だ。しかし、「幼稚な人」、「幼稚な考え」などというように、世上では未発達、未熟といった、ややマイナスの語感をもって用いられることが多い。これも古代中国で起こった用法である。

日本では、少子化など社会情勢の変化により、幼稚園と保育所（園）の一元化の動きもあり、「幼稚」を含まない「認定こども園」も現れてきた。幼稚園と保育園とを一本化する幼保一体化の改革により、名称も「こども園」となるとの案が示されている。小学生も「こども」であろうが、「子供」や「子ども」ではなくひらがなだということで、未就学児であることを含意するのだろうか。

韓国でも、幼稚園は漢語で「幼稚園《ユチウォン》」（유치원）だが、「保育園」（乳児院・孤児院）は子供の家という固有語となっている。中国では「幼稚園」をやめ、現在では「幼児園《ヨウアルユアン》」（you^{4} er^{2} yuan^{2} 実際には簡体字で「幼儿园」）となっている。そこでは、園児を一週間預けるケースもあるそうだ。ただし、台湾や香港では、今でも「幼稚園《ヨウジーユアン》」（台湾の国語《グオユイ》をピンインで表記すればyou^{4} zhi^{4} yuan^{2}）とも言っており、いわゆる繁体字を公用する地区と、この和製と思しい訳語の使用地区とがよく一致している。日本でも、保育園で「幼児園」と称する施設も存在する。

ベトナムでは「幼稚園《アウチーヴィエン》」（ấu trĩ viên）は、「幼い園」（ヴオン・チェー　vườn trẻ）ないし「幼い家」（ニャー・チェー　nhà trẻ）という固有語にすっかり言い換えられ、忘れられかけているのだそうだ。社会情勢の変化に、熟語の持つ語感や日本からの影響の薄れも相俟って、「幼稚園」という語も東アジア世界から減少しつつあるようだ。

＊1：幼稚園の先生は、日々の仕事の中で、幼稚園と書く際に「幼稚囗」のように略すことがある。「囗」が一般に多く見られる「国」の略字ではないところに、仕事柄多用する字の特徴差として表れている。

「学生」の年齢

中学生か高校生のころ、区立図書館で自分の身分を用紙に記入する時に、欄にある「学生」を○で囲みながら、何か得意に感じると同時に、後ろめたさのようなものが残った。高校生も「学生」の範疇に含むことが一般にはある。「学生証」を持ち、「学生服」を着ているものの、現実にはまだ大学生ではないことに悔しい思いさえ抱いた覚えも別の図書館ではあった。

日本では、教育関係の法令で、幼稚園児は「幼児」、小学生は「児童」、中学・高校生は「生徒」、大学生（高専などを含む）は「学生」と、それぞれに呼称が定められている。明治初期においては、小学生から大学生までを「student」などの訳語として「生徒」と称したこともあった。さらに学制以前に遡れば、種々の教育機関で学ぶ者を「學生」と書いて「ガクショウ」（ガクシヤウ・ガクソウ）と呼んでいた。「学生」「斈生」など異体字もよく見られた。

韓国では、電車内で手持ちぶさたそうなおばさんに、ニコニコしながら「學生《ハクセン》！」と大きな声で呼びかけられたことがあった。初めての外国旅行を友人としていた二十歳になったばかりのころのことだが、「学生」と判断され、「学生」だけで人を呼べることに、新鮮な驚きを感じた。日本では、「学生」だけだと落ち着かず、「学生さん！」とか「こら、そこの学生！」のように、何か付けないと使いにくい単語だ。韓国では、漢字語（ハンチャオ）である「学生」は、ハングルで「학생《ハクセン》」としか書かれないようになっているが、その語は、大学生だけでなく、中・高生はもちろん、小学生に対しても使えるのだそうだ（むろん、「大学生」などの称もある）。

中国でも、「学生《シュエション》」（xue^{2}sheng）は、同様に小学生から大学生まで広く使える語である。

区分（日本語）	日本	中国	韓国	ベトナム
小学生	児童	学生	学生	学生
中学生	生徒	学生	学生	学生
高校生	生徒	学生	学生	学生
大学生	学生	学生	学生	生員

中国では地方ごとに発音は異なるが、漢字は等しい。「学生」が、正式には大学生つまり原則として十八歳以上に制限されている日本の現状は、むしろ漢字圏においては特異なことのようだ。

ベトナム（越南）でも、「学生」の語は「học sinh　ホクシン」という漢越語として残っており、対象としてはやはり小学生から使える語だそうだ。しかし、大学生になるやいなや、「生員《シンヴィエン》」（sinh viên）という語に代わる。これは、中国を模倣して科挙制度が実施されていたことを反映している語である。「院試」に合格して「郷試」の受験資格を得た者は伝統的に「秀才」と讃えられたが、その者たちを指していた語である。

以上のような漢字圏の「学生」の実情をまとめると、前ページの表のようになる。日本の細分化されたバラエティの多さと、ベトナムの科挙の影響が際立っていて、それらが重なって、日越では「学生」の処遇に相補分布の様相を呈している。

大学内では、私よりも年配の方々が学生として勉学にいそしむ姿を見かけることがある。見習わなくては、と感じることもしばしばだ。ここのところ、学生と勘違いされることがさすがになくなった。学生時代には持っていたであろう何かをいつの間にか失ってしまったためだとしたら、そう思うと少し複雑な気持ちになる。

●――「先生」の立場

中国では、教師という職業のことを、「先生《シエンション》」（xian^{1} sheng）とは呼ばなくなった。一般に「老師《ラオシー》」（lao^{3} shi^{1}）と称している。たとえ二十代の若い教師であっても、何の抵抗も感じないのだそうだ。日本人は「老」の一つの意味にやや過敏に反応しがちである。

中国では、「魯迅先生」のように「先生」を敬称として用いることがある一方で、「Mr.」や「さん」に相当する、男性への軽い敬称として応用している。「先生」は、自分より若くても、尊敬するかのニュアンスをもつ便利なことばだそうだ。見知らぬ男性にも「先生！」と呼びかけられる。「ladies and gentlemen」は「女士們，先生們」となっている（なお、日本や韓国では「紳士、淑女の皆様」という訳し方が消滅しつつある）。また、他者や自分の夫、さらに占い師のことを「先生」と称することもあり、かつては妓女を指すことさえもあった。

日本では、「先生」と呼ばれる職種が各種あり、政治家、弁護士、医者、教員、芸術家、作家などが思い付く。「先に生まれた人」が原義と考えられ、「後生《コウセイ》畏るべし」の「後生」の対である。そこから、学芸の優れた人を指す古代中国で生じた用法が、江戸時代以降、さらに拡大してきた結果であろう。教員と職員とを区別するかどうか、創立者以外の教員や、研究員にも使うかどうかは組織によって異なるなど、実際の使用には微妙な要素も関わっている。

先生にもいろいろな人がいて、またいろいろな目で見られる。「センセイと呼ばれるほどの何とかでなし」とさえ言う。このようにカタカナで「センセイ」と書かれると、語に対して期待される内実を伴っていないことが表明される。そして関西のアクセントで「セ」を高く呼ばれると（また長音がなくなると）、さらに妙なニュアンスを感じるのは、東京生まれ東京育ちなどにありがちなことのようだ。韓国語でもプサン辺りの慶尚道《キョンサンド》のアクセントはソウルやピョンヤンの発音に慣れた耳には面白く響く。現代の文字にはアクセントが原則として表示されないことが、ここでは惜しく思われる。

日本では、それらの職にある人に呼びかける際に、「先生！」と言える。中国でも上記の通り呼びかけに用いることが可能だ。ところが、先の「学生」(前項参照）とは逆に、韓国では「先生！」《ソンセン》とは言えないのだそうだ[*1]。失礼にならないように、「さま」に当たる敬称「님《ニム》」を付加することを要するのだ。韓国では、教員同士での会話を除き、「先生（ソンセン）ニム」つまり「先生さま」と呼んで、初めて教員や老人男性などに対する敬称として使える（高校までの先生には通常は「○○氏《シ》」を使うとのこと）。「○○先生」だけでは敬意が感

じられず、むしろ呼び捨てされているようにさえ感じられるという。日本では、宛名に「〇〇先生様」なんて書かれていると、妙な語感を読み取ってしまうかもしれない。そして大学の先生を、何と「教授さま」（キョスニム）と呼ぶのだ。

ベトナムでは、「先生」は「tiên sinh」（ティエンシン）という発音で残っており、現在もっぱら教員のことを指すのだそうだ。他の漢越語では「教員《ジアオヴィエン》」（giáo viên）ともいう。「先生」という語は、長男、尊敬する人や目上の者を指すこともあり、彼らに対して呼びかけるときに用いることも、なくはない。ただ、それは漢字や字喃《チュノム》を解するお年寄りが詩を作ったり、挨拶したりする際に時々使うくらいで、若い人たちは冗談として使う程度だそうだ。

漢字圏で「先生」は、「先」に「生」まれたという個々の字義が忘れられ、それぞれの言語の中で、一まとまりの語義を抱えて微妙な変転を繰り返してきた。中国から拡散した漢字と漢語は、周辺の地での言語や社会の状況に合わせていくつもの変種を生んだのだ。「先生」と安易に呼んでおけば相手に喜ばれる、とは限らない。

＊1：なお、日本語では「〇〇（名前）先生」と言えるが「〇〇学生」とは言えない。韓国では「〇〇学生《ハクセン》」と言う人もいるとのことだ。

●——末は「博士」か「大臣」か？

近年増えた組閣や内閣改造の話を聞くと、国政に深くかかわる人の中には、大臣の椅子に強い志向を抱く向きもあるようだ。大臣は、省庁の中で過ごす官僚にとっては相当に大きな存在だそうだ。省庁のトップとして、行政を大なり小なり指揮し、国を動かすのであるから、その権限と職責は相当に重いものなのであろう。

子供の将来について期待を込めて使われる、「末は博士か大臣か」というフレーズを、最近あまり聞かなくなってきたような気がする。大臣といえども、細分化し複雑化した積年の難題の対応に追われ、新聞に言動をあげつらわれたり、舌禍で更迭されたりしてきたこととも関わるのだろうか。

このフレーズに登場するもう一方の「博士」について、漢語としてとらえた場合に言えることを少し述べてみよう。

「博士」という語は、中国で古典的な用語として存在していたことによって、近代の学位の称号（doctor Dr. ドクター）となっている。日本、中国、韓国の間で一致する漢語である（発音はハクシ、bo^{2}shi^{4} ボーシー、박사 パクサ）。日本でこの学位は、現在、「医学博士」「文学博士」などは新規には認められなくなっており、呼称と表記が「博士（医学）」「博士（文学）」などへと変わってしまった。

漢字圏にあったベトナムは、状況を異にする。ベトナムでは、「博士《バクシイ》」といえばもっぱら医者のことを指すのだそうだ。これは医者をドクターとよぶ日本人には分からないではない。そしてベトナムでは、科挙制度のなごりが現在でも学位の称に残っている。科挙の最終段階にある「殿試」に合格した者を「進士」と言う。「進士は日月をも動かす」と称されるほど、皇帝権力の下で官僚組織を強力に掌握したものだ。その「進士《ティエンシイ》」という語こそが、学位としての博士に相当する。政治と学問とが深く関わっていた時代相がうかがえるであろう。日本では「進士《しんじ》」という姓としては現存している。

ちなみに、学士と博士の間にある学位であるマスター（master）に対する「修士」の語は、日本でのみ使われるもので、中国、韓国、ベトナムではもっぱら「碩士」が使われている（発音はシュオシー、ソクサ、タクシー）。この字面は、日本の「修士」よりも何やら偉く感じられる、などとよく言われる。なお、この「修士」は、中国、韓国やベトナムでは、キリスト教の修道士のことを指す。韓国では「修士院」は修道院のことで、大学院修士課程とやや紛らわしい。

学位	日本	中国	韓国	ベトナム
master	修士	碩士	碩士	碩士
doctor	博士	博士	博士	進士

以上をまとめてみると、下表のようになる。ベトナムの「進士」と日本の「修士」が際立っている点が先述した「学生」と共通する。

日本では、難しい漢字に詳しいとか、漢字をたくさん識っているとかいうときに巷間耳にするのが、「へぇ〜、漢字博士《はかせ》なんだ〜」という「称号」である。もちろん、漢字をいくら研究しても、そのような学位が大学院や文部科学省などから与えられたり、認められたりすることはない。「虫博士」なども同様だ。博士たるものは独特な風貌をしていて、何でも知っている、そして語尾は「…じゃ」（いわゆる役割語）などという世上のイメージは、手塚治虫（医学博士）が漫画に描いた「お茶の水博士」などの強いキャラクターによるのだろうが、「博」という字もまた「博識」「博学」などの語から、「広く」知っているというイメージを持たせる。長い歳月を要する論文博士は日本独特の制度という。こうした学位は、夏目漱石でさえその授与を断ったなど逸話も多い。しかし、実際には、一つの専門を深く学問的に探究した者、今では、一人で研究を推進していける者といった意味をもつ語と規定されることがある。

「博士」は一字ずつ分けて読むと「ハク」「シ」、つまり「ハクシ」が字音語である。しかし、「はかせ」のほうがなんとなく発音しやすく、世上でもなじんでいる。和語であるかのように発音が転化したものだが、奈良時代のころからこの発音が記録されており、百済《くだら》の地での発音によるものかもしれない、ともいわれている。現在の韓国では、「博士先生さま」（パクサソンセンニム）と呼ばれるのは、博士課程在学中の院生なのだそうだ。他大学で非常勤をしていることが多いための呼称とのことである。

日本では、文系であっても欧米式に課程博士が増えてきて、大学教育・研究職などで新規採用のための条件として示されるようになってきた。一部で囁かれたという「足の裏の米粒」という比喩はまだ健在なのであろうか。その一方で、オーバードクターの就職難が深刻化し、大学院博士（後期）課程への進学者も減少しつつあるという。大臣とともに、子供たちに託す将来の夢として、今後もありつづけられるであろうか。

●——試験と「○×△」

新学期になると、晴れがましい新入生たちでキャンパスは一杯になる。初々しく見える彼らも、高校や予備校を終えるまでの間に、さんざん試験のたぐいを受け、その答案用紙には幾多の「○」や「×」が付けられてきたはずだ。いや、これからも大学はもちろん、下手をすると社会に出てからも、それらの記号（符号）から逃れられない人たちも少なからずいるに違いない。

日本人には、漢字の読み書きの力について色々とあげつらおうとする性質が奈良平安の昔からいつの時代にも見られる。政府要人らの読み間違え、書き間違えに対する一時期の評も、同根であろう。国語のテストに限らず、さまざまな科目で、答案に記された漢字に対して、「○×」を付けるために細部にまで目を光らせることがあるそうだ。字形を確認し、正誤を判断するために、虫眼鏡まで持ち出されることもあると時折聞く。

この「○」「×」と、その中間の点であることを示す「△《さんかく》」という記号は、万国共通のものなのであろうか。このことについて、特に漢字圏での形態と名称を比較してみたい。

まず、日本では、正解には「○」、不正解には「×」が基本である。半分くらいとか途中まで正解、という場合には「△」も適宜与えられる。

実際の答案用紙には、「○」は下から時計回りでひしゃげた形に大きく書かれることが多い。また採点者や採点時の気分によっては、その大きさを評価に比例させて変えることや、集計の便を図って、また筆記の労を軽減するために、「○」のほかは何も付けない、逆に不正解の「×」だけしか記さないといったこともある。たしかに、どちらかだけのほうが採点の集計が楽ということもあるが、採点忘れとの区別がつけにくい。ほかにも、「・」だけを打っておくなど、個性はむろん採点者によって様々に出る。解答内容によっては二重丸、三重丸、さらに花丸とそこに蝶や鉢、ジョーロなどの飾りが付くことさえある。京都のある小学校では、花丸が多用され、インフレを起こし、「○」が五重丸であっても花がないためハゲマルと呼ばれるようになったという。

「○」が正解というのは、日本の多くの人々には感覚的に納得できよう。太陽、日の丸の象形性は別格としても、禅僧の「円相」に象徴されるように、円満で満ち足りた完全さを表現するシンボルとしての性質も帯びている。家紋や屋号にもよく利用されてきた。江戸時代の俳諧の「丸五点」（輪五点）は、「○」が採点に応用された走りであろうか。

「△」は、「○」にはなれない不完全な形であり、「×」でもないことを示す形態だと見られないこともない。図形そのものとしては「うろこ」などと呼ばれ、すでに江戸時代には合い印や家紋など、さらに平安時代にも訓点としてしばしば見られる。「ござる」を「ムる」と書いたのも、芝居小屋で畳んだ茣蓙《ゴザ》を横から見た姿を象った記号「△」が元だと言われる。

一方、「×《ばつ》」は明治期から現れる名称のようだ。「凶」の篆書《てんしょ》に含まれ、古代中国でも良くないことの表象とも言われる（「円」も「圓」の中の「口」や周囲の「囗」は古くは「○」という形に起因するとも説かれる）。「×」を日本で「バツ」と呼ぶのは、「罰点」によると考えられている。一方、関西では「×」を「ペケ」といい、「不可」（170ページ）の中国語読みからという説も唱えられているが、その「ペケ」という語の使用者は近畿では近年だいぶ減ってきている。

ほかにも、「×」印のことを青森で「エケシ」というのはローマ字の「X」、九州で「カケ（ル）」というのは掛け算の記号「×」に見立てた呼称とされる。学校用語だからか、カケを方言と気づいていない人もいた。確かにそれらは、活字はともかく、手書きではほぼ同じ形に記す人が多い。数式の「x《エックス》」のほかに英語の

「ｘ」を習得する人は減ってきたようだ。古来、日本で「×」という形態が意味するところについては、民俗学の蓄積もある。神域を示す「しめ縄」（七五三縄・注連縄・〆縄）の「〆」と共通するとも説かれる。さらに外国のアニメなどでお馴染みの毒薬入りの瓶に描かれた髑髏《どくろ》マークの下にある骨二本の交差も連想されよう。

さて、日本では採点の際に、「×」の代わりに「✓（チェックマーク）」が書かれることもある。これは、名称からみても西洋伝来のものであろうが、結構よく使われる。「ピッ」と呼ぶ人もいる。このマークは、「×」よりも書きやすく、ほかにも確認、作業などが済んだことを表す印としても使用されている。年輩の方が、微妙な解答を書いたときに、「×」にはならないが「チェック」はされた、と教えてくださったが、確かにそういうニュアンスの差もありうる。

ＪＩＳの第３、第４水準を策定する過程で、担当した教科書を調査していった際に、あっと思ったのがこの「チェックマーク」であった。確か英語の教科書であったか、文字列の中に何とか存在しており、しめたと思った記憶がある。ＪＩＳへ、その時に採用された非漢字であった。このマークがないので、ワープロによる印刷物は不便であった。よく「√《ルート》」を代わりに印字するなど、苦心の跡が見られたものだ。また、「レ点」などと記され、「レ印」や「レ」をご記入ください、などともある。なお、漢文の「レ点」は元は中国から伝わったもので、字を書く際に順番を間違え、二字の配列が転倒してしまった場合に、二字の間の横に記入する符号であった。

さらにその鉤の部分をなくし、「／」と書かれることもある。これは右上から左下に下ろすほうが多い。確かに「×」よりも楽だと、採点している時に思った経験がある。筆記の経済ということもあるが、「×」にも値しないような、努力の跡の表れていない解答や空欄などでは特にそれで済まされる、白紙にはそれを大きく一つということもなくもなさそうだ。

韓国には「×」がない？

教育熱の高いことで知られる韓国では、試験などの採点に用いられる記号としては、「○」「△」「／」が一般的に多いそうだ。「○」が多い答案には「雪が降っているね」、「／」が多い答案には「雨が降っているね」とふざけて言う教員もいて、世界共通の記号だと思っている留学生も少なくない。小さい頃には二重丸などはもらうことがあるが、花マルはない。「△」の代わりに部分点の点数のみを書くこともあり、「△」や「／」の横に点数を並べて記す先生もいるという。このような記号と数字とを併記するたぐいの方法は、日本などでも見受けられる。不正解には「／」の代わりに、日本と同じく「×」を使う先生もいるが、「×」の方が強く感じるという学生もいるなど、ソウルと釜山などとで地域差もありそうだ。二重丸に放射状の線を足して太陽とすることも小学校ではあるそうだ。

ただし、一部の辞書に載っている、丸を指す「トングラミ（ピョ） donggeurami（pyo）（まる標：まる印）」、バツ（罰）を指す「カウイ（ピョ）・カセ（ピョ） gaui（pyo）・gasae（pyo）（はさみ標：印）」などの名称は、ふつう使われず、試験の解答についても、「合っている」「合っていない」などと動詞などを用いて句で言い表すとのことだ。「△」は「セモ」（semo）と、三角を意味する固有語で呼ぶが、「／」は鋏の形でもないので上記のものはもちろんだが、「スラッシュ」と言うこともまずないのだそうだ。そうした記号の名称の不使用と欠如は、漢字の書き取りが余りないから、というわけでもなさそうだ。それらの記号をどう読むのか、留学生の人から聞いてもらったところ、韓国の若い人たちは、やはり誰も読み方・呼び方を知らなかったという。決まった表現として「ＯＸ《オーエックス》を付ける」とは言うそうで、「エックス」は英語圏や、日本の東北地方（前項参照）などと一致するが、やはり「当たったものが多い」などの表現を使うとのことだ。「テストで思いの外たくさん丸をもらった」「僕はバツばっかりだったよ」といった日本での通常の文は、韓国語には直訳しにくいようだ。

日韓で形態が共通する中で、これは興味深い。韓国では「○」という形は、ハングルを通して文字の要素として馴染み深く、「△」も古文でハングルの子音（z）の要素として学ぶ。日本では、句点としては「。」、半濁点としては「゜」など、中国系の記号として小さな「○」を採り入れているほか、一部では「このコーデが○」、「こういう男は×」というように文字列に代行する表意的な働きも生じている。

正解・不正解を示し、また点数を出すための手段にすぎない「○」や「×」に、日本では「まるじるし」「ばつじるし」などと名づけたわけだが、末尾に「しるし」を付さず、単に「まる」「ばつ」と呼ぶことも多い。それは、拍数が長めだからということもあるが、それらを「しるし」という存在にとどめず、それ以上の位置付けを与えようとする認識の現れではなかろうか。名称、さらに語として読み方までを付与し、表意性のある図形として対象化する。愛着、時に「×」への嫌悪や恨みさえも抱いている人もいるのかもしれない。ハングルという絶対性が高いとされる文字をもつ韓国人と異なり、若年層にある日本人が手紙や携帯メールなどで、独特な記号や絵文字を極限近くまで好むことを解くカギが、もしかしたら、そうしたところに隠れている可能性がある。

自分の手でときに懸命に書いた漢字に対して、採点者が細部まで字形を観察し、独自の規範意識によって「×」を付けることがあるという。そのたぐいの話はしばしば聞くが、「下」「木」「女」など初歩的で簡易な字にも及ぶ。そういえば、国語辞典の見出し表記にも、常用漢字の表外字には「×」が小さく付けられているものがある。せめて、誰が見ても不条理と思う冷たい「×」だけは、解答用紙の上から消えてなくなってくれることを願う。

「△」のない中国とベトナム

日韓のもろもろの文化に、歴史の中で圧倒的な影響を与えた中国では、採点記号はどうなっているのだろう。

中国では現在、試験での解答の正解には「✓」とチェックマークを付す。中国ではローマ字の「v」の字のように左右の線の上の高さは同じくらいともいう。ただし、博士論文の審査の時に、合格者に書かれるマークは「○」で、この丸を付けることを通常「画圏《ホアチュエン》」(hua^{4} quan^{1})という。これは、書類の名前欄に、自分がその書類を見終えたということを記すためにも使われる。中には「✓」を書いて「○を付けた」と表現することもあるそうだ。「✓」は「×」への改竄ができてしまうので「○」が増えてきたという話もある。

反対に、不正解には「×」を記す。中国では、古くから「凶」という漢字に「×」という表象を含ませたり(前項参照「胸」も同様とされることがある)、「乂《ガイ》」という形態で、草を「刈」る意を表す字などがある。後者は鋏《ハサミ》の象形との説もある。

そして、半分くらい正解、つまり日本でいう三角には、「✓」の右に「、」を交差させた独特な記号である「✓̸」を記す。

それぞれの記号は、韓国と違って名前でよく呼ばれる。「✓」は「対号《ドエイハオ》」(対号 dui^{4}hao^{4})で、「対」(dui^{4})は正解の意。地域などの差によって「鉤《ゴウ》」「勾《ゴウ》」(gou^{1} 句)「対勾」も使われる。「×」は「叉《チャー》(cha^{1})号」で、交差の意の名称であり、「叉儿《チャール》」(char^{1})とも呼ばれる。「×」を付けることを「打叉《ダーチャー》」(da^{3} cha^{1})という。「○」と異なり、「打」という動詞をとるのは「✓」と同様だ。「╱」とも書かれるそうで、「ノ《ピュ》」(捨て去る)と似る。これは、納得できる間違いに書かれ、でたらめな解答には「×」という区別もあるそうだ。

この「×」記号は、試験以外でも、誤ったもののほか、廃棄する物や犯人などの名に対しても記されるなど、否定的な意味に使用されることがある。「某」の代わりに伏せ字としても用いられている。なるほど、これは日本にもある。しかし、日本では、さらに女子中高生たちは「!!」の「・」の部分を「○」や「×」に代えて「!!」のようにかわいらしくなるように書き、そこに好悪などの感情を含意させるようなこともある。

そして中国でユニークなのは、先の半分正解で、その名を「半対《バンドェイ》（号《ハオ》）」（$ban^4 dui^4 hao^4$）や「半勾《パンゴウ》」と呼ぶ人がいる。正解の「✓（チェック）」と不正解「×」の両方の形を兼ねていて、あたかも漢字の指事文字や合字と共通するような発想によるデザインをもつ。小学校の段階などで、指導のために使われるそうだ。これには、マイナスを示す点数を併記することがあるという。これをパソコンで入力するためのうまい方法が見付からないようで、インターネット上でもどうやったらできるのかを尋ねる中国語での質問が散見される。台湾ではその記号がなかったという学生もいた。台湾には二重丸などもあり、作文が良ければ大きく「◯」も書かれるそうで、日本に近い点もある。ただし、正解には何も付けられないことが多く、真っ赤な答案用紙は嫌だとも言う。

香港から広まった中華調味料の「ＸＯ醤《エックスオウジャン》」は、最高級の意である「エクストラ・オールド」（extra old）に由来するというが、この形態も何か人々の心を捉えるものがあったのであろう。概してシンボルには、普遍性をもつものと偏在性の強いものとが共存している。感覚に依存するものは、社会での慣習となって空気のような当たり前の存在と化す。「×」や「／」「＼」が交通標識や記号として、道路への進入やその場での喫煙などを禁止することを表意する。封書の封じ目にも線から転化して記される「〆」は、文字としては「占」の「卜」が発生の要因ではあるが、日本での発生と定着に至る原因は、暗合ということだけでは済まされない意識が存したように思われる。

こと採点記号については、日本は韓国に近く、中国はユニークなようだ。中国国内に住む朝鮮・韓国系の人々も、中国式の記号で採点されているのだそうで、独自の名称もなくはないようだが、やはり韓国と同様、それらの名称で呼ばれることはほとんどないのだという。

それでは、ベトナムではいかがであろうか。学生の答案用紙に対して、先生が採点する際の正解の記号は「v」か「đ」だそうだ。「v」はチェックマークなのだそうで、ベトナム語で呼ぶと「正解のチェックマーク」（dấu tích đúng, dấu chếch đúng）となる。「ティック」は「チェック」の一つの語形のようだが、「チェック」という語には「ゆがんだ、傾いた」という意味も、偶然であろうか存在している。「ドゥン」は正しいという意。ただ、その記号もローマ字の「ヴィー」と同じ形であるため、「vのチェックマーク」という言い方もある。また、「dấu "vê"」つまり「vê」という印の「ヴェー」は、「丸める」（「○じるし」）という意味だそうだ。「đ」は「đúng」つまり正しいという意味の語を頭文字だけで省略したものである。記号の名称は「dấu "vê"」あるいは「đ（đúng）」。

半分正解の記号は「v」の右側の真ん中に「、」を書く（v̶）。これは、先に見た中国と同じ方式だが、名前は「dấu nửa chữ "vê"」と、半分という意味の語を交える。

そして、不正解の記号は「x」か「s」だそうだ。「s」は誤るという意味の「sai」という「差」の漢越語の頭文字である。名称は、「dấu "nhân"」か「chữ "s"（sai）」。かつては「dấu gạch chéo」だったが、現在では「dấu "nhân"」も使うようになっているとのこと。この「gạch　ガッキ」は線を引く、「chéo　チェオ」は「ななめ・いびつな」という意味だ。「x」は算数・数学の「x」というローマ字と形が似ていることから、記号の名称は「dấu "nhân"」である。「エックス」と見立てる発想は、各地に見られる（162、164ページ参照）。この「"nhân"」は、漢字「人」の漢越語ではなく、「掛ける・乗」という意味だそうだ。日本の九州方言と同じ発想もここにあった。

ベトナムでは、以上の記号が普通用いられているのだそうだが、先生によって、採点の際の記号が違う場合もあり、また記号の名称も異なるものもあるという。採点者らによってそうしたことにも個性が反映されるという点は万国共通のようだ。

●――アメリカを加えた「○」「×」のまとめ

ここまで見てきた「○」「×」「△」のたぐいは、漢字圏の中だけでは説明できない記号が含まれているようだ。

そこでアメリカの方にも、うかがってみた。少し前のことだそうだが、アメリカでは採点記号はそれほど標準化されていなかったという。正解は「チェックマーク」のような印で、「check, checkmark, tick」などと呼ぶ。なお、チェックマークのような形態をもつ記号そのものは、中国や日本でも古くから「雁点《かりがね》」（レ点の元）などとして現れてはいた。

不正解は「×」と書くと、その形がローマ字の「x」に似てしまう、つまり衝突を起こすため、だいたい「eks」と発音し（crossとも）、また、「／」と書くと「slash, slashmark」というと思うとのこと。点数がないために「0」と書けば「zero」というそうだ。他のアメリカや中国の人などは、間違った部分が「○」で囲まれる、ともいう。中国では「○」の意味がややこしくなりそうだが、日本でもときに行われている方法である。「×」は、アメリカでは、むしろ宝物が隠してある目的地などを示すこともあるとのこと。なお、『新明解国語辞典 第六版』には、アメリカでは、否定や伏せ字などの意味に「○」を用い、「×」は希望するものを選ぶことを表すという由、伝聞の形で記されている（一一九八ページ）。

アメリカでは、半分正解に対しては「1/2」のように書き、「half, half credit」などという。これは、東アジアではあまり見かけない。もちろん、その問題の満点の点数に合わせて、適切な数字を書く場合もあるとのこと。

バークレーの日本語の授業で、日本から来た先生が正解に「○」を書いたのを見てびっくりする学生もたしかにいましたね。

留学生の中には、返ってきた答案を見て、意に反して正解ばかり、あるいは不正解ばかりかと、さぞかしびっくりする者もいることだろう。実際に、アメリカに留学した韓国の方も、「0」と「○」とで書き順が同じ人もいるので、不正解に「○」が付いている、と最初は驚いたそうだ。ヨーロッパ、南米などでも全く同様なのであろうか。ロシアからの留学生は、正解には「✓」「×」「＋」といろいろなものが用いられるほか、正解の番号を「○」で囲み、不正解には「－」「／」、半分正解には「＋－」が多いと話す。引用符「〝 〟」「” “」「, ‚」の付け方や数字の桁の「，」区切り方なども、国々で制度が異なっていることがあり、興味は尽きない。

ともあれ、中国や韓国の採点記号と日本のそれが微妙に違う原因が、欧米に求められることがうかがえるであろう。ここまでで出てきた、主な採点用の記号を下にまとめてみよう。

このように採点記号は、国ごとに意外と違っていて、影響を完全には与え合わないものだ。アメリカで不正解の「0」は日本人には「○」に見えかねず、反対に日本の「／」はアメリカ人には正解の「チェック」に受け取られかねない。

なぜ、こうも入り組んでいるのだろうか。こうなると、それぞれの記号の歴史が気になってくる。明治の小学校などでは？　江戸時代の藩校や寺子屋などでは？　そして中国や朝鮮、ベトナムの科挙制度では？　それらの実例や規則は少しずつ資料が集まってきているが、解明は一筋縄にはいかない。中国には「乙字号」というチェックのような形の記号も古くからあった。

現代では、機械に解答の読み取りと採点をほぼ任せるマークシートがだいぶ普及してきた。そこには「△」も「⍻」も与えにくい。路上や紙に「井」を書いて始める「○×」遊びも知らない人が増えてきたようだ。台湾でもそれと同じ「圏圏叉叉」を知らない学生がいた。こうした当たり前のものとして存在する事物の起源が、その展開の歴史を終えてしまう前に、私たち自身の手によって完全に明らかとなる日の来ることを願っている。

テストの採点者が答案に書き込む主要なマーク

	正解	半分正解	不正解
日本	○	△	×／✓
韓国	○	△	／×
中国	✓	⍻	×／○
ベトナム	vđ	⍻	xs
アメリカ	✓	1/2	×／0○

「可」もなく「不可」もなく？——成績の漢字

大学に勤めていると、講義も演習も楽しいのだが、その最後の重要な仕事であるだけに憂鬱になることがある。それは成績付けだ。

大学や学部ごとにそのルールが微妙に異なる。一人ずつの素点で提出せよ、という学部事務所もある。出席などの平常点に、答案、レポートなどの採点結果を加えて点数をはじき出すという方針が多そうだが、その方法は教員によって様々だ。昔、ある御仁が答案やらレポートを階段から投げ、あるいは扇風機で飛ばし、飛距離に応じて成績を付けたなどという伝承もまことしやかに語りつがれているが、そんなことはできない（学業成績の「低空飛行」という比喩は、これと発想に多少関わるところがあったのだろうか）。

絶対評価か相対評価かなどという議論とは別の次元で、レポートに代筆はないか、WEBからの無断コピーアンドペーストはないかなど、詰まらないことにまで気を回さなければならない。他者の間で同一の中身のものがあったり、何かにつけ言い訳めいたことが書かれていれば、対応をどうとるべきか千々に頭を悩ませる。

一年、近ごろは半年の間、講義等を受けて、その内容を自身の頭で主体的に消化し、それを基に観察し、考察を加えた作には、かなりの読み応えがあるものも交じっている。そうした進展の跡の著しいものを見いだすなど、きちんと見分けてから評価を記さなければならない。他者に対する評価は、概して自己の眼力を問われることであり、どうしても消耗する。かつて恩師が一年で一番厭な時期なんだと吐露されていたが、半期化の流れの中で、その機会も倍増し、しかも採点期間が短縮されてしまった。たくさんの受講者がいれば（報酬は一切変わらなくとも）成績も何百人分、ときには千人分以上付けることになる。それらを真剣に見抜いて評価しなければ、講義や演習にきちんと向き合ってくれた学生たちにも申し訳が立たない。発憤を促すためにも辛い評価をせざるをえないこともある。もう一年一緒にやろう、と判断しなくてはならないケースも出てくる。

むろん、「楽勝科目」とレッテルを貼られて、向学心を一切もってもらえないような受講者が増えても困る。

相互評価が制度化されてきたが、学生の側は皆が前述のようなことを理解した上で実行しているかどうか、時に嘆かわしくなることもある。学生たちの間で独自に授業の評判をレストランの如く「★★☆」と記し、「楽勝」などと示した冊子も書店などで売買されている。面と向かってなされないそれらを認めない、と述べられる恩師もいらした。努力を放棄し、単に論評しかできない人にはなってはいけない、と私も思っている。

さて、成績表には、仮に素点で付けても、成績通知には「A+」(S)「A」「B」「C」「D」「E」「F」など、ローマ字などで何段階かの成績評価が示されるようになっている。それらが、「秀」「優」「良」「可」といった漢字一字へと置き換えられることもあった。これは戦前からの伝統を有するもので、「不可」だと落第だ。実存主義文学者の「カフカ」の名は縁起が悪い、なんて言われたりしたゆえんだ。

「優」と「秀」ではどちらが好成績と感じられるだろうか。「優秀」の「ユウ」と「シュウ」だが、「秀才」(元は科挙の用語 33、156ページ参照)の「秀」、訓読みでは「すぐれる」と「ひいでる」など、なるほど「秀」のほうが良さそうに思えてこよう。私も在学中には、「彼は、全優だから奨学金をもらえた」などという話を、聞いたこともあった。この場合は「秀」に該当する成績も含んでいる。

以前には「甲」「乙」「丙」「丁」などの表示もあったとよく聞く。役場などの勤務評定では「秀」から始まり、「不可」の代わりに「劣」という評価もあるのだとか。形式的なものかもしれないが、さすがに「実社会」は、教育現場よりもよりシビアなようだ。[*1] さてこの「優」「良」「可」などの成績には、漢字圏において興味深い一致と差が生じていることが次第に分かってきた。さらに実際に比較をしつつ考えていきたい。

*1：なお、関係はないのだろうが、野菜・果物などの評定も「秀」「優」「良」「可」「不可」となされているのだそうだ。どちらが先なのだろうか。

＊2：「優」の字については、17ページ参照。

漢字を手放した国々の「成績」

お隣の韓国で、大学で得られる「単位」のことを「学点《ハクチョム》」（學點）と呼ぶのは、日本語の場合よりも的を射ていないだろうか。中国では「学分《シュエフェン》」という。ベトナム語でも直接の伝播の結果と即断できないが、日本と同様に「単位《ドンヴィ》」だ。日本では医療現場でも「2単位」などと聞かれる。

先の「○」や「✓」の集積がひいては成績として結実する。韓国での成績評価は、日本と似ているが少し違っていて、「秀」「優」「美」「良」「可」となっている。かつて、それらのハンコを通知表に押す学校もあったようだ。むろん、現在では、日本語に訳した成績証明書などを除き、ハングルで「수」「우」「미」「양」「가」という表記に変わってきている。これは小学校での通知表にも使われていたそうで、「スウミヤンガ」と続けて覚えているそうだ。成績の一つに「美」があるのだ。

韓国の人にとっては、これは当たり前のことで気にすることもないそうだが、日本人からするとニュアンスがわからない。留学生の携えてくる高校以降の母国の成績証明書を面接などで見ると、やはりハングルで記されている。ミャンマー辺りの生徒の成績証明の原物は、どれも文字がクルクルとした模様のように見えてしまい、それらが良いのか悪いのか全く見当が付かないが、ハングルも慣れていなければ、パッと見では優秀なのかどうなのか、なかなかつかみにくいようだ。

実際に、現在の韓国の学生は、「秀」や「美」という漢字を知らずに、音だけでそれらを成績の序列としてとらえているケースが多いそうだ。つまり「美人《ミイン》」や「美醜《ミチュ》」の「美」と結びつけず、あたかもドレミのミのようにとらえているということだ。中学で漢文を習ってはじめて、それらの個々の漢字と意味を知る。逆にそういった機会がなければ、それを知らないのは無理もない。漢字を廃止すれば起こる当然の帰結である。漢字の呼称ではなく語の表記レベルで訓読みを定着させなかったことも、字義の把握を困難にしたという面がある。

この「美」という成績評価は、日本人であれば、「この上なく素晴らしい成績に違いない」などと感じてしまう人も少なくない。中国の人も種々に迷いを見せる。しかし、これが平均か中の下くらいで、あまり芳しいものではないのだ。「不可」は小学生には酷なので、それをなくすために「美」を加えて、一つずらしたのであろうか。それにしても一般に知られているように「八方美人《パルバンミイン》」が純粋に褒めことばになるような、一部で「美人大国」などとも称される国である。中年男性でも整形手術をしないとなかなか出世できないとも報じられることがある。ミスコリアの選択においても、第一位（グランプリ）、第二位（準グランプリ）、第三位までが「真」「善」「美」（진《ジン》 선《ソン》 미《ミ》）と表現されており、「美」は意外なことに最高位にはならないようだ。この「真善美」は明治の日本で使われた哲学用語から中国にも広まった。

その「美」が加わって、「良」「可」が一つずれて、「可」は日本でいう「不可」、つまり落第だ。学校によって違うのかもしれないそうだが、ともあれ日本の女子学生は言う、「「可」が日本でいう「不可」であるというのはなかなかいい。「不」の字を見るとなんだか気持ちが沈んでしまうので、「不」は成績関連では使わないほうが精神的には良いです」。むろん、この字に縁のない学生も多い。

ベトナムは、漢字を公用しなくなってから一世紀、紙幣の印刷からも消し去ってから半世紀以上の時を経て

A	100～85	Gii	（賢）
B	84～70	Kh	（可）
C	69～55	Trung bnh	中平
D	54～40	Trung bnh yu	（弱）中平
F	40未満	Km	（劣）

いるが、成績の表示はどうなっているのだろうか。ベトナムの知人たちに教えてもらったところ、近年、教育省は大学については右のように定めたという。右端は語義、括弧のないものが純粋な漢越語である。なお、ベトナムでは95点以上だと「出色」（Xuất sắc　シュアット・サック　出色、卓越、優秀の意）とも称される。また「優点」（điểm ưu　ディエム・ウー）などの表現もあるのだそうだ。一方、50点未満だと成績表には「dưới điểm trung bình」（中平点の下）とも記されたものらしい。

右記のA・Fではベトナムの固有語、Bは古い時代にベトナム語に入った漢語らしきもの（「可」の漢越語とは声調だけが異なる）、Cは漢越語で中位、平均の意、Dは漢越語と固有語との混種語というように、語種つまり語の出自はバラバラになっている。ベトナムでの成績評価語の出自の不揃いは、表音文字で記される言語においては、容易に起こりうることである。右記の韓国では、まだ漢語の中にとどまっていたが、ハングルによって原義が忘れられつつあることも生じており、風前の灯火なのかもしれない。

中国での「成績」、そして漢字圏全体の比較

中国では、成績表には試験などの点数（素点）が示されるそうだ。それを五段階にすれば、100～90点は「優秀」（优秀）、89～80点は「良好」、79～70点は「中等」、69～60点は「及格」、60点未満は「不及格」と分けるのだという。中国でも、大学の卒業論文の成績では、それらの熟語の中から、最初の漢字一字を抜き出して、「優」「良」「中」「及」と表記されていた、と中国から来た院生たちは思い出して語ってくれる。

この成績の分け方にはもう一つ、成績の分類に「中」がない場合もあるそうだ。そこでは、「優」100点～85点、「良」84点～70点、「及」69点～60点となる。それ以下は「差」と呼ばれる。ただ、これらは人によって記憶に微妙に異なる点があり、「劣」もあったらしい。ともあれ、「中」があるかどうかによって「優」などの範囲が

変わるため、紛らわしい。ほかに85点以上を「優良」と称し、成績が「優良」であることが条件とされる申請事項も、よくあるのだそうだ。台湾では、「優」「甲」「乙」「丙」「丁」(「戊」)などとなっていて、日本の昔と共通点があるようだ。「乙」をアヒルに見たてるなど、悲話や笑話も多かった。中国では、宿題には「甲乙丙」が与えられることがある。

さて、ここまで漢字圏各国の成績評価について眺めてきた。イギリスの影響の濃い香港や北朝鮮なども気になるところだが、それはまた機会があったら調べてみたい。以上のことがらを、日本式の漢字字体によってまとめてみると、下の表のようになる。

前に記したように、韓国の「美」は他には見られない。なお、「美」という漢語は、中国、韓国そしてベトナムではアメリカのことをも指す。日本では「米」がアメリカを指す略語として頻用され、新聞で「こめ」をカタカナの「コメ」へと追いやった。日本の「米」は、元は香港における清代の広東語訳が残ったもので、異彩を放っている。

下の表では、中国では「中」を含む方式を取り上げた。そこでは90点以上が「優」であるため、単純に見たならば、日韓はインフレ気味だ。点数ごとにそれらしい意味を有する漢字一字ないし漢語一語で評価が出ることが共通しているだけに、ズレがややこしい。また表のように、中国と韓国とでは「良」の点差は平均で20点程度、最大では29点に及んでしまう。

国別成績の表示法

<table>
<tr><td>点数
国名</td><td>100〜90</td><td>89〜80</td><td>79〜70</td><td>69〜60</td><td>59〜</td><td>39〜</td></tr>
<tr><td>中国</td><td>優</td><td>良</td><td>中</td><td>及</td><td colspan="2">不及格</td></tr>
<tr><td>日本</td><td>秀</td><td>優</td><td>良</td><td>可</td><td colspan="2">不可</td></tr>
<tr><td>韓国</td><td>秀</td><td>優</td><td>美</td><td>良</td><td colspan="2">可</td></tr>
<tr><td>ベトナム</td><td colspan="2">(賢)</td><td colspan="2">(可)</td><td>中平 / (弱)中平</td><td>(劣)</td></tr>
</table>

＊括弧内は固有語を訳したもの。ベトナムは、点数の切り方に合わせて配置をずらしてある。

そして何よりのこととして、前述のとおり、「可」は、ベトナムでは84点（さらに小学校ならば90点近く）でもそれが付けられるのだが、韓国ではそれが実に落第点となるのであったのだ。「良」や「可」ばかり取っているお嬢さんは、良家のお嬢さまで良いお嫁さんになれる、という皮肉の表現も行われているそうだ。韓国からの留学生によると、「良家ジプ（家の意の固有語）閨秀（キュス）」と称するのだという。「良可《ヤンガー》」は「良《ヤン》家《ガ》」（日本語ではリョウカよりリョウケと読むことが多い）とハングルでは一緒となる。

「可」や「可也・かなり」という語が、中国古典では「よい」「まあよろしい」といった意味をもっていて、日本でもそれを受け、「一応の程度まではいっているとみなす」という意味、そこから派生した、「相当な」という意味を有するという状況に、「可」の点数の幅は関連するのであろう。

しかし、韓国でも、成績は「Ａ＋」「Ａ０」「Ａ－」「Ｂ＋」「Ｂ０」「Ｂ－」などローマ字と数字や記号による表示に変わってきたようだ。ベトナムのごとく固有語で表示しようとすれば、やはり単音節になるとは限らないため、必ずしも一字では記せなくなるところであった。日本でも同様に、たとえば早大では成績通知書だけでなく、成績証明書も同様のローマ字表示となってきた。在学生も、知識として知っているが、漢字での表記は実際には見たことがない、という者ばかりになってきた。学生からは、「なんで「Ｄ」判定だったんですか？」など、メール等で問い合わせが寄せられ、それに逐一回答するという制度までできてきた。就職活動では、成績はあまり重視されなくなっているとも聞く。小学校に目を向ければ、五段階どころか三つの枠のどれかに「○」が入るようにもなっている。

成績における「優」「良」「可」のたぐいは善くも悪しくも漢字の表意性を利用し、成績情報を凝縮させた表示であり、実際の成績より、よく見せる働きもあったように思われる。「国際化」の大きな流れの中で、それらは漢字圏において互いに共通性と不一致とを抱えたまま、過去のものへとなりつつあるようだ。

第四節

ベトナムから見た漢字の現在

●河内《ハノイ》の漢字

二〇一〇年度末に、ベトナムの首都ハノイへ発った。海外旅行は、まず国内の時点で、羽田ならともかく成田までの道程が遠い。特急なのに途中、事故で止まってしまい、一日に一本しかない中国杭州行きの便に乗り遅れさせられたこともある成田エクスプレスは、東日本大震災に伴う計画停電の影響で運休したままであるなど、もろもろ心配や不安をかかえた出発だった。

ハノイ（Hà Nội）は漢字では「河内」と書く。河内と書いても無論、大阪府の「河内《かわち》」ではなく、「幽霊文字」発祥の地「安原《あけんばら》」のある滋賀県の「河内《かわち》」でもない。「城舗河内」のほうだ（この四字の漢字列が何か格好いい）。カタカナで「ハノイ」、ローマ字で「Hanoi」と書くのとはだいぶ印象が異なるが、かつてのベトナムでは地図でもそう記されており、今でも中国語圏ではそれで通用している。旧名はタンロン、漢字では「昇龍（竜）」だ。日本では中華料理店の名前にもありがちだが、この「皇城昇龍」は、十一世紀初めに、約千年間の悲願であった中国からの独立を果たして以来、永きにわたって首都となった地で、初めに王が入城した際に、吉祥として空に金の竜が舞ったことから付けられた地名だと伝えられる。

中国がベトナムに攻め入った時に、竜の親子が降りてきてそれを打ち破ったという伝承から「下龍湾」つまりハロン湾という地名も生まれている。これらは中国から独立を果たしたり、中国を撃退したりした話にしては、中国風の伝説であり、中国式の漢語によって国土に命名するところに、ねじれを感じる向きもあろう。そもそもこれらの竜は、中国から伝わったモチーフか、この辺りに古くから広まっていたものなのか、どちらかである。それもベトナムの常に北に存していた超大国である中国に対する複雑な歴史、文化と国民感情を反映しているもののようだ。

ハノイは、かつて「東京」とも称した。つまり私は、東京（英語でTokyo）から東京（同じくTonkin）へと旅行することになる。トンキンは英語風の発音であって、現地の発音はベトナム漢字音でドンキンのほうが近かろう。かつての「東京義塾」は日本では両様に読まれている。かのベトナム戦争初期のトンキン（東京）湾事件がまさに起きた地域だが、この入江の名は近年は北部《バクボ》湾に変わっている。

日本では、「北の都は北京《ペキン》、南は南京《ナンキン》、さて東は？」というなぞなぞが子供の頃にあり、答えとしてトンキンはひっかけであったが、あながち間違いではない。麻雀も知らない子が「東」をトンと読むのは類推の作用によるものであろう。「東」をこのように読むことは、世界史の教科書などでもファンボイチャウ（潘佩珠）たちによる「東遊運動」（ドンズー運動。ベトナム語では「風潮東遊」）で、なじみがある人もいることだろう。

何年も前に、ベトナムに出掛けたという人から、「街なかで漢字が使われていた」という証言を耳にした時に、それは現代のベトナム人がベトナム人自身に読んでもらうために、ベトナム語の文章を表記しているものなのか否か、それを知りたくて尋ねたことがあった。残念ながら、はっきりうかがうことができず、気掛かりとして残った。

ポルトガルやフランスの影響を受け、記号（符号）をふんだんに加えたローマ字表記法を（チュウ）クオックグウつまり「国語（字）」と呼ぶ。それに切り替わってから、すでに一世紀以上、正式に漢字を廃止してからでも半世紀以上が流れてはいるが、今は実際にどうなっているか。また、ベトナム語の未来をも築いていく若い人たちの文字に対する感覚はどのようであるのだろう。

ベトナムの首都での漢字の様子がずっと気に掛かったままだった。今回は、漢字を見掛けたら、できる限りそれを写真に収めて分析しよう、そして初めて対面することとなる国家大学の学生諸氏から、いろいろな意識も聞いてみようと心に決めていた。

他の予定もあって僅か数日しか滞在できなかったが、期待していた以上に知ることの多い日々となった。その果実についてこれからしばらく記述するとともに、漢字を捨てたはずの国での「漢字の現在」について考えることにより、日本などの漢字についてもその位置を際立たせていきたいと思う。

●──ハノイの「衛生」

ベトナムにはすでに一度、行ったことがあった。北部ベトナムつまりかつての北圻《バッキー》にあるハノイとは対極に位置する南圻《ナムキー》のホーチミン市に、文字コード関係で、当時の文部省から派遣されて以来となる。ともあれ、あの頃に比べると、また漢字の全体と背景に対して目を向けられるように、気持ちだけはゆとりができてきた。しかし、そうなると気に掛かるものごとだらけで、落ち着かない日々となる。

三〇度以上の暑さが続くホーチミン市は、その昔、サイゴン（Sài Gòn）と呼ばれた。この南方の地は、元は京《キン》族の支配が及ばなかった場所で、サイゴンという地名もベトナム語由来ではないかもしれず、「柴棍」はベトナム人による音訳であった可能性がある。中国では音訳して「西貢」としている。指導者の名に代わるまでのこの旧名にまつわるイメージのとおり、フランスの香りの漂う都市だった。

十年以上前の記憶をたぐると、あの時、日本は真冬だったが、ホーチミンの街は、熱気に溢れていた。飛行機がタンソンニャット国際空港に着く。この飛行場は漢字ならば「新山一」と書く。タラップへと出るその瞬間から、南国のムアッとする空気が襲いかかってきた。時刻は夜、街路に溢れかえるバイクの排気ガスのせいか、空気に甘い味がしたものだった。街中には、漢字がとても少なかった印象がある。

一方、中国に地理的に近く、中国との接触の歴史も長い北部のハノイならば、もしかしたら漢字の使用が多く見られるのではなかろうか。六時間ほどベトナム航空に乗って、ベトナムの首都ハノイに、やっと着いた。その航空会社を選べばマイレージが使えないということを忘れるほど、楽しみにしていた機内では、「非常口」のことを何と表現しているのか確かめたが、中国の「太平門《タンピンメン》」、韓国の「非常門《ピサンムン》」のような漢語ではなかった。機内アナウンスでは、「シンチューイー」（請う・注意）という決まり文句も、意外なことに聞かれなかった。

ノイバイ国際空港（ベトナム語では Sân bay quốc tế Nội Bài）は、中国語では「内排」と表記される。そこに降りたって、入国手続き中に、「VỆ SINH」という表示の文字がまず目に入った。

中国からベトナム語に入ってきた漢語、いわゆる漢越語だ。漢字では「衛生」となる。トイレのことである。「衛生でトイレのことだけど分かりにくいよね」と連れに話すと、前のベトナム人とおぼしき年若い女性が振り返って微笑む。

この符号付きローマ字では、日本人には日本語とのつながりが感じがたいが、もし漢字だったならばと考えると少し惜しいようにも思える。中国人からすれば、発音は好きにしてもらって構わないので、漢語は漢字にしてほしいとの声もしばしば聞かれる。中国北方の人にとっては、福建や広東の言語の状況とそう変わらないと感じられることもあるそうだ。

トイレに「衛生」の語を用いることは、「衛生間」が中国（卫生间《ウェイションジエン》「衛」の簡体字「卫」はカタカナの「ヱ」からともいう）、「위생실」（ハングル表記。衛生室《ウイセンシル》）が北朝鮮系の語にも見られる。中国の影響で、共産圏に広まりを見せたものであろう。

「お手洗い」「手洗い」は神社にあり姓にもなった御手洗（みたらし・みたらい）と語源は同じで、古い手水《ちょうず》にもさかのぼれそうだが、中国や台湾などでも「洗手間《シーショウジエン》」と書かれたトイレもあり、ベトナムでも「手洗い房」

のように訳されて使われることがある。

中国の「厠所」(厕所)は、日本でも駅など多言語表示で見受けるようになっているが、どこかで印象深く覚えたためだろう、多くの人がきちんと「かわや」などと読める。ただ、日本人からすると、少々古くさいイメージを伴う。「化粧室」は、婉曲化を一歩進めた表現で、日本で明治時代から見られるが、これにも中古からある「化粧(仮粧)の間」とつながりが感じられよう。韓国でも「화장실《ファジャンシル》」として広まっている。中国や台湾でも「化妝室《ホアジュアンシー》」(妝は粧と同じ)が楽屋、メーキャップ室の意だけでなく、トイレの意として使われることがある。

トイレは、使っているうちに語の価値が低減し、新しい語への言い換えが進められる傾向が強く、「便所」のような直接的と感じられる表現よりも婉曲的な表現が好まれるかどうか、言語によって差がありそうだ。もっとも「便所」も、元は中世の頭髪や服装を整える「鬢所《びんしょ》」だといった話もある。また、中国の方言には、もっと直接的で明確すぎる表現も行われているのだが、ものがトイレだけに憚られるので、この辺りで終わりにしよう。

越南《ベトナム》の「行李」

ベトナムのトイレには、「WC NAM」といった表示が目立った。中国でもそういう場所では「男」と一文字での表示があるように、中国とは言語面、とくに語彙面での共通性を感じることが多い。トイレに付きものの男女のマークは、日本の図柄(ケータイの絵文字にもなった)とよく似ているが、これは万国共通化が進んでいるのだろうか。かつてはあるいは瘴癘《しょうれい》の地などと呼ばれたものの、トイレの中は概してとても「衛生」的に保たれている。

この「NAM」は、中国の例からも分かるように漢字では男(ダン・ナン)であり、韓国や中国の広東などと同じく韻母（語頭の子音以外の部分）の末尾の「m」音が保持されている。中国の中原での古い発音がそうだったためで、日本でも古くはそのように読んでいた時代があった。漢字では「男子」「男性」などと表示する日本では、一字で表示されていたならば、意味はよく分かるが、「おとこ」と読んでしまい、少々びっくりしてしまうだろう。

飛行場では、トランクを待つ手荷物受け取り所で、表示板に「HÀNH LÝ」とあるのが目に止まった。漢字ならば「行李」で、手荷物だ。中国語でも発音は違うが「行李《シンリ》」が相当する。なお、中国語のhang^{2}にはベトナム語ではhàngが対応する。日本では「柳行李《やなぎごうり》」（やなぎごり）などとして使いつづけている語だ。こうしたことを想起させにくい漢語のローマ字表記の連続に、惜しいという気持ちが再びわき上がってきた。

パスポートに捺された入国許可のハンコも、もちろんローマ字だけで、クオックグウつまり国語といえばこの文字という現実を改めて思い知る。かつて独立・解放のために民族主義と共産主義とが結合し、列強の帝国主義下で普及した敵国の文字という意味が反転し、国民が共有できる簡易な文字として、漢字やチュノムを習得し得ない民衆の間にまで、燎原の火の如くこれが広まり、そして公認されたのだ。

ついに街に出る。路上にはバイクが多く、自動車も信号が青であっても歩行者に対し常に優先するかのようだ。クラクションが鳴る。小さい車は「ビービー」と聞こえた。韓国に初めて行った時には「パーパー」と鳴っているように思えたものだ。中国でも「ビービー」と私の耳には響いたので、ここは中国式か。日本で「ブッブー」というのは単に幼い頃から刷り込まれただけのようにも思えるが、実際にクラクションの機械によって出される音色、音質や音階が異なってはいるようだ。あるいは漂う空気の違いも少しは関係するのだろうか。留学生に尋ねると、クラクションの擬音語にも、実際にその差が各国で微妙に現れているとのことだった。数日いると、大きい車は日本のような音を発しているような気がした。

ハノイを取り囲み、覆うように流れる幅の広いホン河を橋で渡る。漢字で書くと「紅河」である。言われてみると確かに水面が少し紅い。時期が来ればもっと紅くなるそうだ。こうして一つずつ漢字表記まで知ると、その内にある「河内《ハノイ》」の語源や語の構成まで理解しやすくなる。道端の「公安《コンアン》」も中国語と同じだが、ローマ字表記だ。ここは、インドシナ半島というだけのことはあり、西はインド系の文化が強く、東のベトナムだけが中国色の濃い文化圏にある。

春のベトナム北部は、日本よりも一〇度くらい暖かく、日中は涼しさもあり快適だった。ハノイの人は寒いと言うが、霧雨の時期も免れて、傘が不要だったのは、文字などを観察したり撮影したりするために幸いだった。「ホアンキエム湖」は、漢字だと「湖還剣」(Hồ Hoàn Kiếm)で、かつて後黎朝の皇帝がそこで得た「剣」を使って明軍を撃退し、その剣を湖水の竜王へ返「還」したという名前の由来についての伝承が彷彿とする。やはりここにも竜がいた。夕方はわずかに肌寒く感じられるようになってきたためか、その周辺で食事をする人たちもまばらだった。

越の国の漢字

かつて外務省は、表記法にもやや独特な決まりを有し、「ベトナム」(Việt Nam)を「ヴィエトナム」としていると報道された。「ヴェトナム」は一般にも見られ、カタカナ表記に関する内閣告示・訓令の認める範囲にあろう。これは漢字で書けば「越南」であり、日本の新聞などでも、ベトナム訪問は「訪越」、中国とベトナムは「中越」などと便利に省略されることもある。かつての「訪ベト」や「ベ平連」は、漢字離れをした略し方だった。こうした漢字による略記は、日本となじみ深い国であることの証左となる。かつてニュージーランドの大使館が、その国名を略記するための漢字一文字を募集したのも、故あることであった(一九八〇年、「乳」

にいったんは決まった）。学生たちは、すでにベトナムのこの一字での略を忘れつつある。国境紛争の記憶も薄れ、新潟の人には新聞見出しの「中越」は、つい新潟中央部の中越地方に見えてしまうと言う。漢字への反応には、国内でもやや小さめながら地域差が認められる。

この国名の漢字表記は、「アメリカ」を「亜米利加」と書くことに似ているようだが、これは本来、ベトナム人自体が選択した字と語であり、当て字とは言えない。清朝の時代に、阮王朝の皇帝が建国に際して「南越」という国名にしようと中国皇帝にお伺いを立てた。しかし、歴史的な遺恨もあって認められない。そこで、二字の語順を転倒させてやっと公認してもらえたものであった。日本以外の国は、国号をこうして決めてもらうことがあった。朝鮮王朝も、王朝を立てた李氏が「和寧」と「朝鮮」という二つの候補から、明の皇帝に選んでもらったものだった。

ただ、ベトナム人にとっては、むしろ修飾語が後置されるこの語順の方がなじみが持てて、好ましかったのかもしれない。ベトナム社会主義共和国も、「国共和社会主義越南」の順となっている。このうち国だけはヌオックという固有語で、残りには和製漢語が混ざっているようだ。

「越」は、周の春秋時代まで遡れば、現在の中国は浙江省周辺にあった国の名でもあり、都は会稽、今の浙江省紹興市だが、当時は中原の漢族とはことばが通じなかったそうである。漢代に漢字で音訳された「越人歌」と称するものも残っており、楚との関係の推定も難しいのだが、タイ系の言語（中国語と同系ともオーストロ・アジア語族などとも）を喋っていたのではないかともいわれている。ベトナム語は、それに接した西洋人が、かつてシナ・チベット語族の中国語の一方言であると勘違いしたそうだが、オーストロ・アジア語族に属するという説が強く、そうであればクメール語と同系となる。

広東省を指す「粵《エツ》（yue^{4} ユエ）」とも同音の類義語であり、福建の閩越《びんえつ》などを含めた江南以南の人たちのアイデンティティーとして、「越」は共有されているのだ。「鉞《エツ》」が当てられることもあり、重要なのはその発音だった。これらのさらに南にある地域であるために「南越」、そして「越南」と呼ばれるようになったものである。きっと、空港内の中国南方航空の待合ロビーにおいては、こうした漢字表記が見られるのだろう。

現地で知り合いになったチュノムを専門とする研究者の先生から、名刺を頂いた。台湾に知人が多いそうで、名刺の裏面には中国語で、そのまま漢字表記にした中国名（チャイニーズネーム）と、住所として「越南，河内市」「青春區」「阮廌街」などの漢字が印刷されていた。

「臥薪嘗胆」で名を残した越王の勾践や、「呉越同舟」の語を生んだ周の春秋時代の「越」を建国した諸越、百越の中に含まれていたともいわれる民族は、やがて南下しつつ勢力を強め、越族や京《キン》族と名乗るようになる。ちなみにこの「諸越」を日本で訓読みして「もろこし」という中国全体を指す語ができ、さらにそこから伝わったと思われた植物としてもう一度「唐」が加えられて「トウモロコシ」（玉蜀黍　トウキビ）などの語を派生した。「から」（もとは朝鮮半島の国名からか）、「チャイナ」（秦《チン》から）、「キャセイ」（契丹《キタイ》から）など、中国には異称が多い。

彼らは、さらに南へと版図を拡大し、チャンパ王国などを構成する異民族を同化し、あるいは山岳地帯に追いながら、人口を増大させていった。同時に、中国に取り込まれずに独立国として対抗するために、逆説的ではあるが中国の律令や科挙の制度に加え、儒教、仏教（主に大乗仏教）、道教（まとめていうと三教）や文芸などを積極的に採り入れた。そこには常に漢字が存在していた。ベトナム語の語彙を豊かにし、ベトナム語に初めて表記法を与えたのである。

そのため、文廟つまり孔子廟も、立派なものが千年以上前に建立されており、今回、その中に入ってみた（詳しくは次の機会に述べたい）。街中にも、ところどころに寺院のような建物も見られ、決まって扁額と対聯のようなものに筆字風の漢字がやや厳かに連なっていた。

ベトナムでは、古典に「伩」という略字が使われていた。文人、これは「儒」である。また、「伕」という略字も用いられていた。天人、これは「佛」(仏)である。これらは「仙」(僊)に合わせようとするかのごとく中国で生まれた俗字のようであり、近世期に中国から漢字圏各国に広まったものと考えられる。それらの字は、漢字が儒教や大乗仏教などとともに伝わり、通俗的にもよく使われた証拠であろう。ベトナムでは、そうした思想や宗教と、道教や民間信仰、キリスト教などとが習合し、世俗化することがしばしば起こった。外国文化の受容の姿勢に日本と似たところがあるようだ。

●――ハノイの大学《ダイホック》で

ハノイ市内で、見慣れぬ黄色い外壁と、若めのちょっとした人だかりに目を奪われると、そこが首相直属の国家大学ハノイ校とのこと。人文社会科学大学と、なにやら私の今の所属と共通点がある。伝統的な学風はどこも薄れたとはいえ、よその大学に入るのは、いつも興味津々だ。いや、学校というものは一体、同じような仕組みで成り立っているものだが、それぞれに経緯や個性があるため微妙な差が見て取れて面白い。異業種ほどの意外さはないが、むしろ似ているもののもつ違い、異質さというものに、私はどうも惹かれるところがあるらしい。

大学が出してくれる乗り心地の良い大きめの車というのは、中国とシステム自体もよく似ている。書類を何枚も書く手間は、やはり面倒そうで申し訳ない。ベトナムではハンコは土産物になってはいるが、ここでは書類はサインだけでよいのだそうだ。渡航費用などはともかく、こうした点は至れり尽くせりなことがありがたい。中国でも似た状況となるのだが、日本では社会的な諸事情から、どうしてもその逆にならざるをえないのがいつも歯がゆい。

教室として使う部屋に入室するや、全員が一斉に、ザッと音を立てて起立して迎えてくれる。日本の高校までのような号令はなく、一礼をするわけでもなく、そのまま着席していたのだが、新鮮だ。近所にある北朝鮮系の小学校で校庭や授業の開放が始まったので訪問してみたとき、廊下を走ってきた生徒がピタっと立ち止まって一礼し、また走り去っていったのを思い出した。こうしたことは共産圏と儒教のいずれの風習だろう。

わざわざHPでも告知して下さっていたといい、三十名くらいが小さめの会議室で待っていてくれた。最初だけでも現地のことばで挨拶をしよう。声調に気をつけて、「シンチャオ・カクバン」と、二十年以上前に習ったベトナム語を使って挨拶をしてみた。こういうことは、どこの国でもおおむね好評のようだ。もし夕方からも、という機会があれば、KARAOKEで地元の歌をその国のことばで歌うのも、また日本らしい歌を日本語で歌うのも、交流にとても効果的である。

先の挨拶を漢字チュノム交じり表記で書いてみると、

吀嘲各伴。


というようになる。中国の人に見せても、何のことかきちんとは分からないはずだ。

今度は、仮に中国からの純粋な借用語である漢越語だけを漢字で書いてみれば、

Xin chào 各伴.

という「漢字ローマ字交じり文」となる。ローマ字を主として漢字を括弧書きで添えてみると、たとえば次のようになる。

Xin chào các bạn（各伴）.

最初の xin は、学生時代には「請」だと習った。日本でも「安普請」などではシンと読みはするが、中古漢

語などと比すと声調や韻尾の「ng」などが合わないなと思っていた。ベトナムには古音や訛音もあるので、語源は必ずしも明確になっていないようだが、この語には「吀」というチュノムが使われてきた（『チュノム大字典』など）。一字目の「嘲」は、嘲る・嘲笑という意味ではなく、チュノムでは仮借ないし新規の形声文字として、挨拶語を表記する。三字目の「各」は漢越語（広東語、朝鮮語、日本語と発音も似る）、最後の「伴」も同じく漢越語で、ここでは漢籍に存在した友達の意が生きているのである。

会議室の左前方には、黄金に輝くホーチミン（Hồ Chí Minh）像が安置されている。漢字では「胡志明」、ベトナム建国の父だ。本名は阮必成《グエンタットタイン》（阮愛国《グエンアイクオック》とも称した）だが、多くの人々に「ホーおじさん」（伯胡《バックホー》）と今なお敬われ、親しまれているという彼の姿を描いた大きな看板も市内に立っていた。永久保存された遺体を展示する広大な廟も設けられていた。それらはローマ字と補助記号（符号）だけで表示されているが、自身は幼くして『論語』を学び、漢詩をよくした。その像に立てかけられていた小さなホワイトボードは、像の金色を少し剥がしてしまっていた。あまり安定せず、薄いフェルトペンで文字を書くたびにボードをカタカタと言わせるのにも、ベトナムの南国らしい大らかさが感じられ、二日目にはすっかり慣れてしまった。

漢字が好きなベトナムの人たち

四半世紀以上前に、学部生として、当時は卒業単位にならず、さらに授業料を払って取ったベトナム語の授業は、登録に際して抽選が行われず、前年に同じ条件で履修した朝鮮語という科目よりも一層人気がなかった。途中からはマンツーマンの特別贅沢な講義となった。昭和も終わりに近づくその頃、教室で習ったローマ字の短文や文章を、家に帰ってから復習として漢字と字喃《チュノム》に直すことに励んでいた。

パソコンやネットはもちろんなく、あまり良い辞書もないといわれた時代で、越漢辞典まで用いるなど、もろもろ苦戦したが、人生は何が役立つか分からない。ありきたりだし言っても詮ないことだが、もっとたくさん勉強しておけば良かったとも思う。今、その建物の教室で、後悔を含めた僅かな経験から、興味があることは何でもやっておくことを、現在の何をやったらいいか分からないという学生たちに勧めている。

ハノイの教室内に集まった学生と修士課程の院生たちは、これも単位になるのだそうで、どうするのか成績も付くらしい。東洋学・ノム字（チュノム）・ベトナムの漢文、日本語・中国語などを専攻、勉強している学生や院生たちだそうで、専攻の関係か女子のほうが断然多い。先生も数名いらして、少し話しにくい。皆、漢字が分かるという。

漢字の話をするということで、まず、「皆さんは、漢字が好きですか？」と尋ねてみた。すると、ニコニコしながら皆がハイと返事をして、続けてなぜか拍手がわき起こった。これは共感を得たということなのだろうか、日本での講義とは雰囲気が異なる瞬間だ。漢字が日常から消えて不便はないのか、復活させたいと思っているのか、授業の最後に聞いてみよう。

日程の都合で、たったの二日間だけだが午前中にみっちり行われる。授業自体は、朝の七時から夕方の五時まで行われているとのこと。ベトナム人は、南国らしいおおらかさと、勤勉さを兼ね備えているようで、学生たちも概して熱心だ。当たり前のことだが、寝たり私語をしたりしない。珍しい外国からのGS（教師の略）ということもあってだそうだが、礼儀正しく、おしゃべりや居眠り、「内職」はほとんど見受けられない。ふだんは、いねむり、おしゃべりくらいはあるという。とくに大人数教室ではやはりおしゃべりがあるが、教員が怒って黙ると学生たちも静まる、その秩序がこの地ではまだ生きているのだそうだ。

漢字のことを「字漢《トゥーハン》」と呼ぶほか「字儒《チューニョー》」と今でも言うとのことだ。前者は当然だが、両方とも使うと確かめられ、さすが儒教の四書五経的世界、とくに宋学を重んじ、科挙による国家公務員登用が中国よりも後の年まで実施されていた国だと感心した。

日本で有名な「ベトちゃんドクちゃん」（越・徳）は、学生たちには知られていないようだった。学生たちは「アオザイ」を着ているものがおらず、その漢字・チュノム表記（130ページ参照）も知らない様子だった。日本人も着物（和服）は普段はまず着なくなっているし、「衽《おくみ》」「褄」などの漢字・国字はふつう知らないだろう。

その一方で、日本人が教科書で習う「安南」はもちろん知っていて、さらに、

「大」の字に寝る
「五」の字に足を組む
という表現は、漢字を知らない人でも、今でも使い、正しくその姿をイメージできるのだそうだ。前者は日本でも韓国でも使う表現だが、中国では古くはそのままの表現が見当たらない。後者はベトナム人の発案だろうか。

漢字を知らない人たちには、これらの表現を使うときに、どういう「字」（？）の像が頭に浮かぶのだろう。単なる慣用句となっていて、日本人が「金字塔」や「そうなればオンの字だ」と言うときに「金」がピラミッドの形であることを意識しない人がいたり、「御の字」であるとは思えなくなっている人がいたりしても、生活上、何も問題とならないことと同じと考えれば良いのだろうか。

江戸時代には、日本からの漂着民がベトナムで筆談をした話もしてみた。これは、「ア～」と納得してくれる。筆談は、かつてそれを目の当たりにしたヨーロッパ人たちを驚嘆させ、漢字をヒントに、言語の差を超えて概念を普遍的に伝えるための「真正文字」を試作せしめたものだ。ただ、江戸時代には漂着民の筆談でも「籾《もみ》」という字がベトナム人に通じなかったそうだと話すと、今も確かに知らないとのこと、笑いが起こった。これは日本製漢字、いわゆる国字とされるものなので、筆談が不能なのは当然である。

漢字との距離感が中国とも日本とも微妙に違っていて、さらに個々のテーマごとにも差があるようだ。共通

点と相違点を手探りで測りながら、話を続けていく。

●――ベトナムから見た日本・中国・韓国の漢字

東南アジアの濃密な気配と強い眼差しの中で行える講義は、とても新鮮だ。中国や韓国の教室とも何かが違う。日本の公立小学校を真夏の日中に参観したとき、冷房なしで日焼けした半袖の子供たちと教員の織りなす授業風景に、東南アジアのような雰囲気が漂っていると感じたものだが、本当の南国の学生たちの真剣な容貌は、やはりそれとは違っていて、どこかエキゾチックに感じられる。

ベトナムの国民文学は『金雲翹《キムヴァンキエウ》』だが、国民文学とはいえ、もとは清代に中国で生まれた作品である。中国では有名とならなかった、中国の才人の恋愛小説がベトナム語独特のリズムである六八体となるように、チュノムを交えて翻案されたものだ。ベトナム人は、その文言を会話にちりばめ、教養を確かめ合うとのこと、大学生たちに暗記しているのか聞いてみたところ、全部は覚えていないという。なるほど、日本人だって古典文学を最後まで丸暗記する努力など普通はしない。

大学への進学率は、中国と比べるとまだ半分程度で、10%台という統計がある。日本のように中学生はほとんどが進学し、高校生もまた半分以上が大学に進むという社会とはだいぶ違いがある。こうした数値以前に、制度などに細かい差があるようだが、教育熱の極めて高い韓国は、それが90%を超えたという。

学生たちは、さすがにチュノムも読める。竹を意味する形声の「椥」は、ジェー（チェー）と読めた。ベンチェ(Tỉnh Bến Tre　ベンチェ省。市の名にもなっている。ベンは船着き場・発着場の意）を地元ではベンチェーと伸ばして言う。やはり南部だけのことはあり、省の名までが固有語となっている。「羅」の下半分を「廾」のように略すベトナム独自の異体字「⿱罒丂」もその形ならば「ラー　là」と即座に反応してくれる。『大漢和辞典』

に収まったチュノムだと私が考えて調べている「𥿗」も書いてみたら、「ba」と賢そうな女子が声を上げた。「罷」の「㠯」の部分を、意味を表す「七」に取り替えたチュノムには笑い声が響いた。

異体字については、もしかしたら日本人に似た感覚を持っているのかもしれない。そう思って、「广」と「廣」とは、同じ字ですが、どちらが良いですか？」と聞いてみた。

皆、「广」のほうが良いという。聞けば、「覚えやすいから」とのこと。この中には日本語学習者もいるそうだが、中国語を学習している学生が多いため、簡体字に慣れが生じていたということだろうか。日本人には正式な字としては、「广（まだれ）」だけではバランスが悪く、欠落感さえも感じられがちなこの字体は、中国の人たちには「广」のほうが良い、むしろ中が広々しているとさえ言われる。ここは日本的ではなかった。

ベトナムでは、この例に限らず、どうやら字の形が美しいかどうか、バランスがとれているかどうかといったことよりも、覚えやすいかどうかのほうが重要とされているように感じられる。漢字が日常生活から離れてしまって久しい。また、他の文字との比較の対象とする機会もない漢字に対して、情緒的な感覚を投影する精神的な余裕がないのかもしれない。いや、昨今の日本人が持て余しすぎているのかもしれない。

俗字についての説明で、「嬲」を板書したら、rao^{3}と読める。その元となった「嬈」という字も知っている様子だ。とてもよく中国語や漢字、チュノムを勉強している。北京語の「喝茶」や上海語の「喫茶」（吃茶）をホワイトボードに書くと、それらを北京語で読んでくれる。福建語の「啉茶《リムテー》」では、静かになり、当たり前だが読めない。この一字目はチュノムにもあるようだが、すべてのチュノムを知っている必要はむろんない。

さらにベトナムにとっても異国である韓国の漢字についても触れてみた。ベトナムでいう「長江大海《チュオンジアンダイハイ》」（冗漫）な話になると学生たちも退屈するので、クイズのようにしてみた。「秀」「優」「美」「良」「可」をランダムに板書し、韓国で行われている成績評価なのですが、良い順番に並び替えてみましょう、と出題してみた。ベトナムでは、「可」だけを語としては使っているという（174ページ参照）。ここでは、なぜか回答の声がよく揃うのが不思議だったが、上位の二つの順序を逆にした以外は、ピタリと当てた。中国人や日本人には意外と外す者が多く、語感を滲ませながら漢字を使っている人々よりも、漢語や字義に対する感覚が鋭い点があるのかもしれない。韓国もかなり表音文字化が定着しており、漢字を排除した国のことば同士の間で、共通する意識が残っていることに感慨を覚えた。さすが千年いや二千年近くといえるほど永年にわたって漢字を使っていた国々だけのことはある。

●——日本製漢字の感じ方

ハノイの教室では日本で国字と呼ばれる日本製漢字についても話した。「粁《キロメートル》」の類として、「瓱《ミリグラム》」、「竡《ヘクトリットル》」と体系的に、次々に出てくる国字に、声を立てて喜んでくれる。明治に気象台によって作られ、ベトナム以外の漢字圏を席巻した字だった。

国字には、「峠」「裃」の「卡」（中国では「弄」の俗字だった）のように、中国では造字に用いられることが稀だった要素が好まれたことを説明する。中国と違って、日本では「華」より「花」が意符（義符）に用いられたと言うと、うんうんと聞いてくれる。ベトナムでは、中国と違って、二字ともにhoaで声調が平らで等しい。「樺」も「椛」となり、「しつけ」には「⿰身花」（18）という国字も生み出されたと話す。「花」と「華」では、どちらが好きかと尋ねてみると、「花」のほうが好きとのことで、ここは日本に似ているようだ。中華料理は食されているが、もしかしたら北に接する中華に対する何らかの思いがやはりあるのだろうか。

⿰身花

18

私の名字の「笹」も国字、パンダが食べる物で、どうやら「竹葉」の二字を合わせて、「葉」の中から「世」

を抜き出して作ったものらしいと説明してみた。すると、「竹葉」のほうが良かった、と何人もが残念そうにいう。その方が覚えやすかったとのこと。少なくとも現代のベトナムの人々にとって漢字という文字は、やはり頑張って記憶する対象と、まずは意識されているようだ。

日本製漢字は、七世紀頃から作られはじめ、近代までに少なくとも数千種類は作りだされ、使われてきた。チュノムは、それよりも後から作られはじめたが、その数は、日本と違って仮名が派生しなかっただけに、辞書に収められただけでも二万種類に達し、個々人のものや異体字などもより丹念に採集すれば、その種類はさらに増える。

その造字法としては、六書の何を選ぶか、それ以外にどのような工夫をしたかなど、差も見受けられる。そういう話をする中で、「日本人は外国のものの改良が何でも得意」として「HONDA」を例に出したら、案の定、どよめきが起き、よく分かるとのこと。ベトナムでは、日本のどこかの本田・本多さんとしてではなく、ホンダといえばバイク全般の換喩のような異称となっているほどなのだ。

国字の中には、旁の部分によって訓を表すものがある。チュノムにも似たものはあるが、日本では、それが熟字レベルでも見られ、さらに合字化が起こり、定着を見せたものまであるのだ。武士の正装である「かみしも」が、江戸時代の間に、「上下」→「社祁」→「裃」と表記法を発展させたことが知られているが、訓も単音節的なベトナムにはここまでの例はなさそうだ。このパターンは、実は今でも再現されている。慶應義塾大学は、ベトナムでもよく知られた大学のようだ。「广K广O」と書くことがあるというと、意外そうにおかしがる。これは位相文字といえるのだが、近年、さらに狭い集団内ながら省略が進められて、「广KO」となってきた（だいぶ前から使っていたという証言も得ている）。このことも話すと、日本同様、大きめの笑いが起こった。ローマ字ばかりを使うベトナムでは、ここまで体系を異にする文字を混合させた「文字」は、さすがに生じなかったそうだ。

「腺」は、ベトナムでも使うかと聞いてみると、「ティエン」という語として使っているとのこと。これは和製の漢字（国字）で、元は日本からだと話すと、意外そうに微笑んでいる。江戸時代に、蘭学者の宇田川榛斎（その父の玄随は、人気ドラマの「JIN—仁—」に登場した）が自ら示した「泉」による発音ではなく、中国や韓国と同様に「線」という字の読み（及び声調）となっている。日本では「泉」も「線」も同音だが、他の国々では異なる発音となっている。これは、字音の類推の仕方の差のほかに、腺組織をどのように捉えたかの違いによるのだろう。そこから見ても、また他の漢越語の実勢を眺めても、おそらく中国語を経由して「腺」は移入されたものと考えられる。仮に他国を介して間接的ではあっても、日越でのつながりが確かに感じられた。

日本でこの字は、個人文字から位相文字となり、二百年かけて、やっと二〇一〇年に改定された常用漢字表に採用されたものだ。中国と同様に「リンパ腺」などと使ってはいるものの、ベトナムでは語を残して漢字は消えている。なお、韓国でも国語醇化運動や医学用語をハングルで読んでも耳で聞いても分かりやすくするための見直しによって、この字はもちろん、「ソン」という字音語も消されつつあり、固有語「샘《セム》」に言い換えられるようになってきた。ただし、この新しい表現は、泉の意であるところから、偶然かもしれないが、榛斎の発想自体は彼の地にも残ったと見ることができるのかもしれない。

外国との比較を通した漢字や記号の日本らしさ

ハノイの教室で、「躾」という字を書いて、
これは、どういう意味だと思いますか？
と、尋ねてみた。

この字は、実はチュノムでも、形声文字として存在していた。日本では、室町期に礼法書などに登場する国字で、先の「躵」と同じく読みは「しつけ」である。重要な概念として「仕付（け）」の二字（三字）よりも一字に凝縮したかったのであろう。チュノムでは、旁そのままの身体の意であり、彼我で字体がたまたま一致したもの（いわば字体上の同形衝突）にすぎない。

学生たちは言う、「美しい人の意だと思う」と。これは、現代の日本人と似た感覚であった。日本では、男子中学生は「肉体美」と当て読みし、女子大生は「エステ」などと読んだことがあった。

中国では、「しつけ」に相当する語は「教育」などとなるそうだ。韓国でも「礼節教育」などになるようだが、この字を人名として使用することが大法院（最高裁）により認められており、実際にその名に韓国式の漢字音「ミ」で用いていた女子留学生に会ったことがある。大法院が使用を認める前であるが、日本語を知らない父親が、韓国の漢字辞書（書名に限らず普通名詞でも「玉篇《オクピョン》」とよぶ）で見つけて、日本製漢字と思うことなくその命名がなされたという。つまり本名だとのことで、字面からの字義やイメージの解釈が、日本以外の韓国やベトナムの地でも起こることがうかがえる。漢字が漢籍や古典の素養の世界から離れて、すっかり大衆化し、あるいは非日常化した状況と関連しているように思われる。

日本と異なり中国では、新たに会意による造字をする際に、旁として、「美」という字を用いることは稀だった。漢字圏内で造字についてあれこれと比較をしていると、より顕著な差も見つけられる。国字では「雪」（雪）も多用され、「鱈」という和製漢字は中国にも伝わった。雪の季節に美味しくなり、また身が雪のように白いところから「ゆき」と宮中で女房たちに呼ばれるようになったことを背景として、「躾」と同じく室町時代になって、公家の日記などに出現する。「鱈」のほかにも「轌」（そり）や「樰」（そり　たら）など、国字の旁には「雪」がいくつも登場する。

ベトナムでも、中国とは異なり、チュノムに「雪」は声符としてだが旁に多用されており、日本と共通している。なお、ベトナムではめったに雪は降らないが、近頃、中国との国境付近で珍しく雪が降ったので、ニュースとなり、若者がバイクで押しかけたそうだ。

日本人は、上記のように会意文字が好きだ。漢字には、想像を絶する「深い」意味があるはず、という思い入れが、俗解まで生み出し、人々の心の中に染みわたっているのである。

「人」という字は、何人の人からできているように見えますか？

中国の人たちと同様に、一人（một　モット）という。日本では、「二人の人が支え合っていると解されている」と話して図に描くと、笑いが起きた。日本では教育方法として編み出された「いいお話」が、校長先生やテレビの金八先生などで短縮された話となり、それらを通して多くの日本人が好み、さらに信じるところとなったものだ。今、中国でも、これを耳にすることがあるとのことだが、どちらが先なのであろう。

続けて、「優」を書くと、ベトナム漢字音で「ウー」と、日本漢字音の「ユウ」に対応する声があちこちから聞こえる。これは、「人が憂える」と日本ではよく説かれる、というと、「ア～」と学生たち。単音節語を用いチュノムを多く形声の方法で作った人たちの末裔だが、会意も解する点は共通する。「𡗶《チョイ》」で「天」のようにチュノムにも少数だが会意は作られた。中国でも、古くから旁に発音だけでなく意味も備わっているとする右文説や文字を分解する占いなどに、こうした字解が登場するが、日常ではあまり一般化してはいない。

●――ベトナムの♡マーク

漢字を離れて、記号のたぐいにも話を及ばせてみる。

テストで正解のときには、どういうマークが付きますか？

チェック（チェク）と言って指で書いている（167ページ参照）。いろいろな書き方があるようだが、やはりメインは中国式であり、「〇」は車のタイヤのようで、使わないとのことで、日本や韓国とは違う。なお、ベトナムでは試験の前には卵は食べない風習があり、それは「0」に似ているから、と機内誌で読んだが、これは西洋の文字に対する一種の文字霊《だま》思想、信仰といえよう。

外国の文化を色々と取り入れて混ぜ合わせる文化は、日本の文化や沖縄のチャンプルー文化を思わせるが、文字ではベトナムは結局、極度の単一化を選んだ。街なかに突然現れる「囍」は漢字圏では各地で意味が与えられ、記号のように使われるもので、漢字で吉祥句や功徳などを記した対聯《たいれん》や「心」の一字の看板など、異空間を形成するかのようであった。しかし、そのローマ字による文中に、ある程度、マークは取り込んでいるそうだ。

「好き♡」というように、文末に添える「♡」を、ベトナムでも使うという。日中韓と同じだが、ここではなんと男子までよく使うそうだ。ただし、ケータイでは、日本のように何百も絵文字が入ってはおらず、それほど多くは使わないとのこと。また、父母からのメールには絵文字の類は使われていないといい、長幼の序を重んじる儒教の影響なのか、複合的に位相差が生じているのだ。

三十一歳の男性研究者によると、自身は、ケータイメールでは「(^^)」、パソコンメールでは「:-)」のたぐいを使うとのことで、使用するメディアによって日本系の顔文字と欧米系の顔文字という位相差が生じているらしい。顔の角度の違いのみならず、笑いを表すポイントが目と口とで大きく異なっている。こうしたものは男子学生らも使うが、もちろん個人差もあるのだろう。

相手を傷つけずに、本心を察してもらうために日本人が好む曖昧で微妙な表情、たとえば「(^^;)」という焦り笑いは、さすがにベトナムの人々にはニュアンスが分からないそうで、通じなかった。困った時の冷や汗と説明すると、やっと笑いが起こった。街なかの落書きや看板には、ローマ字に対して表情や「＊」状の絵文字のような付加や装飾化が散見され、生真面目なベトナム人の愛嬌が垣間見られた。

大学では、二日目に、何年か前に熱に浮かされたように一気に調べた「エビ」の「蝦・海老・蛯」などの漢字表記の話をしてみた。ベトナムでもエビは食されており、「入家随俗《ニャップジャートゥイトゥック》」（郷に入れば郷に従え）、私もその時までに、大小三十四は頂いていたかもしれない。ベトナムでは、普段も食べ、お祝いの時にも食するとのこと。中国と同じで、つまりは美味しいから食べる、ということだそうだ。一方、日本では、古くは赤い色のためだけでなく、ヒゲのような触覚が生えていて、背中が曲がっている老人《おきな》だと見なし「海のおきな」と呼んで、長生きできますようにと願い、また長寿のお祝いの意を込めて食べることがあった。道理で、正月のお節料理（14ページ参照）によく入っている。こうした風習は、「海老」という表記の木簡での使用例などから見て、奈良以前に遡れそうだ。

エビの漢字表記の変遷すなわち時代差と、その表記の選ばれ方に見られる地域差、そして社会的集団による認知度の差という位相差をまとめた話だが、多岐にわたってややこしくなるので、目でも分かってもらえるように、ふだんは使わなくなったパワーポイントも復活させてみた。これは下手をすると、黒板よりも印象に残しにくくなる。翻訳と通訳に当たって下さったベトナム人の先生は、エビの歴史について、たった一つだけど、研究方法の参考になるのでは、と微意を読み取ってくださっていた。

「海老」と「蝦」とから国字「螧《えび》」が生じたのだが、その虫偏の隣の「耆《き》」が何だかはっきりとは分からないような層が、「虫偏に耆」という国字を受容する中で、旁の「日」を脱落させて「老」に変わっていった、と推測を語ると、うんうんと聡明そうな女子学生がうなずいてくれる。

日本では、東北に偏っていた「蛯」という国字の理解層が近年、マスメディアのために拡大し、「蛯」が位相文字化したことに関して、その立役者であるエビちゃんこと蛯原友里《ゆり》の貼り込んでおいた三枚の画像を見ては、やはりうんうんと同意し、きれいだと納得していた。その後、エビちゃん自身は結婚をされ、本名は変わってしまったのだろうが、この字の理解度アップへの影響は「エビちゃん効果」の一つとして、きっといつまでかは残るであろう。ベトナムでも、エビちゃんばりのキリッとしたような円らな目をした人をときどき見かけた。

ベトナムの「魚の心」

講義で話したエビの話については、とにかく、いろいろなものを研究資料とする、と驚いていた。そこではもう言わなかったが、日本では、さらに近年、「蝦」と「海老」とを書き分ける意識までが広がりを見せ始めている。こうした字面レベルでの言外のニュアンスの区別を日本人は好む。「海老」では畏れ多いと、ザコエビ（天鰕）の「鰕」（蝦）に代えて用いたと述べる市川家の歌舞伎役者「市川鰕蔵」がすでに江戸時代に存在していた。これについては山梨県の甲府などで大きな収穫があったので、いずれまとめてみたい。

「心」や「忍」など、好む字にも国民性が現れそうだ

ベトナム語は、基本的に単音節語であり、それを表記するためには形声文字がよく適合したため、既に触れたように会意文字は少ない。中国などで鮮卑など異民族らによる「俗字」に、会意が目立つのは、識字量のほかに言語の性質の差異にもよるのだろう。壮《チワン》（旧称は僮など）族の宋代頃の字などは、識字量との関連が大きかった可能性がある。

ベトナム語では、エビをtôm（トム）と呼ぶ。チュノムでは、「𩵜」と書かれた。これは、発音に基づく形声と目されるが、ベトナムの教室では、旁の「心」はエビの姿形をかたどっている、その点々はヒゲだ、さらにエビが好きというベトナム人の心を表している、という解釈も聞かせてくれた。どうも俗解だとは思われるが、旁に意味を積極的に見いだそうとする日本人的な発想と共通する。これには「⿰魚二」などの異体字もあった。やはり類似する発音をもつ字を旁にもってきた形声文字だ。また、エビにはいろいろな種類があるため別の語もあり、それにもまた別のチュノムが作られていた。

チュノムは、概して漢字をより複雑化している。表音文字の仮名やハングルとは逆に、構成要素を付加することで、より煩雑なものを生み出していった。「⿰泉磊《スオイ》」（泉、磊は声符）のように部首が意味の範疇ではなく、意味そのものを示す方法もとる。記された漢字やチュノムを音読みさせたいのか訓読みさせたいのか、文字の用法は表意なのか表音なのか、にわかに判然としないものがたくさんある。そしてそうしたものが混用、併用されることが常であり、当該字がいずれであるのか、専門家でも判断できないこともあるなど、解読が一定しない状況があるそうだ。

誰か個人の作った文字が、特定の地域で使用されて広まったり、特定の社会や場面に限って現れたりするなど、位相を生む。そして社会的な需要、政治的な判断、言語面での効果など様々な条件を経て、全国共通の文字へと変わっていくものが現れる。そういう演変は、日本や中国ばかりでなく、この地にもあるのではなかろうか。私も、歴史が深く、南北に長くて広いこのベトナムでの文字の動態を知りたい。しかし、日本のことだけでも手一杯であるので、きっとベトナムの人たち自身の手で、観察、考察に内省を加味してそれを解明してくれるよう、心より願っている。こつこつと調べあげた事象を蓄積していけば、日本との文字の交流の歴史も、今後さらに明らかになることだろう。共通点と相違点を知り合い、互いにもっと理解し合った上で、国同士、人同士が本当の意味で友誼を結んでいけるのでは、と考えている。

質問の時間になった。女優のようにオシャレな女子学生が、「なぜエビを選んだのか」「ほかの語・字でも同様のことがあるのか？」と至極もっともなことを尋ねてくれた。日本の文字・表記は、ほかの語でも、たいていはドラマチックな変遷を辿ってきたことが、調べていくと浮き彫りになってくる。エビは、元々「蛯」という国字があったので、その用例を採集していた。女子大に勤めたばかりの頃、学生の引率で、北海道の室蘭に初めて行った際にレストランで見かけ、「おや？　なぜ？」と思って写真に撮った。その時から、気にかかっていた文字だった。

それは他の多くの字とともに眠りについていたのだが、エビちゃんのメディアでの華麗な登場と大活躍をきっかけとし、旧式のカードなどに集めていた「蛯」にまつわる情報を、一日あまりで一気にまとめて整理し、そこに文献やアンケートなどで不足を補充したり、表記レベルまで広げては問題点を明確化したりしていったものだった。確かに種々の起伏や交代に富み、それらの原因も各種そろっていて、また現代を示唆する面もある、日本の文字を象徴する一字であった。

漢字圏内の漢語の差

ハノイでの講義の終盤に、漢字圏で使われている漢語の比較についても話してみた。「注意」は、四か国で相似している。それぞれ発音してみせると、面白がってくれる。「豆腐」は、ベトナム語では漢越語で「ダウフー」のようにいう。日本語の漢語「とうふ」と中国語の「トウフ」は仮名で書くと同じに見えるが、韓国では漢字（ハンチャ）語で「トゥブ」と、やや違いが目立つ。英語になったtofuは、中国からか、あるいは日本からだろうか。「豆腐」は、日本では、腐るという字を避けて「豆富」になってきた、と言うと、「ア～」と声を上げ、笑みをこぼし納得している。漢字と豆腐の本家である中国では、日本でのこの意識が不本意に感じられるそうで、意外がられるところだ。「分家」同士、少し距離があるだけに、やはりわかり合える点があるかもしれない。

この本の元となった連載で取り上げたことを、ほかにもいくつか話してみた。お金の単位はドンだが（150ページ参照）、「銅」と意識しているのか、はっきりとは確かめられなかったが、かつてフランス語とベトナム語（中国語ではない）で書かれたお金には、漢字で「元」と書いてあったとのことだ。これは一九五一年や一九五三年などに発行された紙幣のことであろう。そのころはまだ紙幣に「越南民主共和」（右から横書き）「伍仟元」（縦書き）などと、漢字が印刷されていた。

今回出かけた時期には、1000ドンが日本円でだいたい4円であった。ついでに、1ドルは81円。ドンは「000000」などと常に「0」が多すぎて、計算が難しい。「267481ドン」といった端数は目にしない。円高以前に国内のインフレにより、日本人などはお金持ちになった気分には浸れそうだ。実際に物価が安く、とくに書籍は十分の一程度だ。日本に輸入されると途端に高くなるのだろうが、それは中国本も同じだ。マッサージも、怪しげなところもあるが中国よりもかなり安い。時計のベトナム語であるドンホーは、漢字ならば「銅壺」、この古めかしい表記には笑いが起きた。

「饅頭」は、ベトナムでは丸い「マンダウ」で、中には春雨・大豆などいろいろなものを入れるとのこと（101ページ参照）。食事のおかず（辞書では「御数」とも書く）としても食べるところも、日本、中国などと違っている。

「茶」は trà（チャー）、それと関連するであろう che（チェー）という語形のほか（109ページ参照）、英語風にティーとも言うそうだ。「ティータイムだからお茶にしよう」と言える日本と少し似ている。緑茶もあちこちで出してもらえるが、日本の渋く濃いお茶に慣れてしまっている人には、下手をすると出がらしのように感じられるかもしれないほど、渋みがなく淡い味だ。

さらに「画餅」という語に関連して、「「餅」という漢字を見て思いつく物は？」と尋ねてみた。手ぐらいの大きさの丸いもの、それはバインセオだとのこと。この字からイメージされる食品を絵に描いてもらうと、中国、韓国、日本の間でそれぞれ違っていたのだが（95〜101ページ参照）、やはりさらにベトナムでも異なっていた。各国の食文化が、漢字の字義にも影響を与える過程や一因を、看て取ることができたように思えた。

「節」は、日本人も「テト」ということばで知ってはいると話すと（133ページ参照）、日本語では「teto」と末尾に母音が付く、と先生から指摘が出る。子音、それもほとんど響かない内破音である入声《にっしょう》も、母音を添えて一音節にすることで日本語として落ち着かせた結果である。「ストライク」など西洋からの外来語でも同様なのだが、関東では無声化が起こりやすく、説明が複雑になりやすい。

「博士」を「進士《ティエンシー》」と呼ぶことも既に触れたが、ベトナム語でその「進士」といえばどういう人をイメージするか聞いてみた。古い時代の「◇」形で左右に垂れた紐か何かが付いた帽子を被り、アオザイを着た人、という姿が思い浮かぶのだそうだ。日本のように、理系で白衣との紋切り型のイメージはないと言う。ベトナムでも世に学生語、若者語はあるとのことだが、博士には役割語のような口調も特になく、日本のアニメソフトの影響は、まだそこまでは及んでいないようだ。現実の博士には、日本と違って何段階かグレードが設けられているそうで、若手研究者は中国よりも一層、大変そうだった。

「可愛い」の力

文字や記号に、使用する集団や場面による差、つまり位相差が生じる原因について、日本のことはいくつか分かってきたように思える。ベトナムでも、若年女性を中心として、かわいらしい記号が付加されているとの話（198ページ参照）を受けて、少々聞きにくいが重要な意味を含むので、次のことを質問してみた。

「かわいい」と「きれい」と「うつくしい」、もし言われるとしたら、どれが一番嬉しいものですか？

ほかにも、かっこいい、セクシー、中性的などあろうが、この三つに代表して尋ねると、男子学生たちも、なぜか嬉しそうに挙手してくれた。女子では、以下のようになった。

・うつくしい

đẹp　チュノムでは「𫅜」、あるいはその「美」が「忄(りっしんべん)」や「日偏」などでも書かれた。また、「美麗」という中国語と同じ漢越語もある。

これは、二名だけと少数で、女優さんのようにオシャレな学生もそのうちの一人だった。

・きれい

xinh　チュノムでは「𦎡」など。漢字で発音がやや近い「清」も当てられたようだ。先のđẹpは、ここにも重なる概念だそうだ。「漂亮」という中国語と同じ系統の漢越語もある。このxinhは男性にも使えるとのことだ。

これにも、やはり二名ほどしか手が挙がらない。

・かわいい

dễ thương：đáng yêu　チュノム・漢字では前者は「易傷」だろうか。少なくとも二字目はこの表記に前例がある。後者はチュノムで「𠏳」「㤇」などとなる。一字目には「当」も当てられ、価する、愛する、つまり「愛するに価する」という意味の語である。中国語かそれと同じ漢越語の「可愛」を直訳した語のようだ。

これは、大人気で、残りの二十名以上が待ちかねていたかのように挙手してくれた。むろん、場面や相手にもよるのだろうが、面白い結果だった。

これは、語としては子供や女性に使うもので、老人や男性には使えないとのこと、その点は、「先生、かわいい！」などと言える今の日本とは違う。日本では、和語の「かわいい」は「顔映《かははゆ》し」の転じたものが、漢語の「可愛《カアイ》」と意味と発音の類似によって重なり、それを当てることが定着したものだ。日本では年上の男性やおばあさんなどにも発する女子らもいる。

幼いもの、小さいものへの愛玩の情感は、古く『源氏物語』にも『枕草子』にも見え、弱いものへのシンパシーは判官贔屓《びいき》の例を引くまでもなく、日本人が抱き続けてきたものだろう。「〇〇弁をしゃべる女の子はカワイイ」という意識は、「方言萌え」という発展形まで生んだ。身近な対象に対するそこには、心のどこかにいわゆる標準語が上位にあり、そこに達していないとも見られる他者への視線がひそんでいるような気がしないでもない。それは、現在の「かわいい」が、恥ずかしさに次いで生じた哀れみや不憫さの感情に発し、「かわいそう」、当て字では「可愛そう」「可哀相」「可哀想」へと分岐した、という経緯と、底の部分で関わっているのかもしれない。

各地での平均的な顔立ち（童顔、瓜実顔、切れ長の目など）や体形も、そうした意識を産む土壌として考えておく必要がないだろうか。「平均顔」なるものが幾枚かの写真などから組成されることがあるが、それは黄色人種と一括りにされるアジア各国の人たちでも、ある明確な違いを呈するだけではなく、国内でも各地域でしばしば見いだせる特徴を表すことがある。そこには歴史的、文化的な種々の原因が思い浮かんでくる。

中国の学生は、「可愛《カーアイ》」と言われると、子供扱いされているようで怒ると口をそろえる。近頃は日本のアニメなどのサブカルチャーから「カワイイ」という表現が一部で流行り、「カ娃依」「卡哇伊」などと表記され、使われるようになった。よく聞くと、後者の方が「口」がパクパクしている感じがして、よりカワイイと言う留学生もいる。ともあれ、あくまでも日本風の感情を模した感動詞的な発話にすぎないものである。逆に日本では、「美しい」なんて言われれば、嘘臭い、物として扱われているようだから嫌だ、などと怒りを露わにする女子学生が少なからずいる。天知茂の明智探偵が今も健在であったならば、さりげなく言ってのけそうだが、実際には「女心」は短絡的にとらえることが難しいようだ。日本では、「きれい」も人気だが、二十歳前後までは「かわいい」が優勢である。

日本では、「美しい日本語」「美しい文字」、さらに「正しい日本語」「正しい漢字」といった表現がときに好まれる。これらの形容詞は「ク活用」でなく「シク活用」なので、実は主観的な感情、感覚を表す、という性質が隠れていると見ることもできるが、特に「正しい」においてはなにか客観的に響くようだ。

「きれい」はカタカナで「キレイ」とすると、独特のニュアンスが生まれるほか、清潔という意味になる、という声も少なくない。これは、コマーシャルで流れる商品名が干渉した結果が一因となっている。また、「綺麗」は良いが、「奇麗」はいやだともいうのは、「奇妙」などの「奇」が入っていることに加え、きっと当て字だという思い込みも、そう判断させているのかもしれない。

●――「美」は嬉しくない?

自動車のCMでずいぶん前に今井美樹が、「きれいは、かわいいより、強い。」と述べたキャッチコピーが画面に現れた。そのフレーズを聞いて、そういう概念に力を認め、さらにそれらをことさら取り上げて相対化させ、しかも常識を覆して本当らしいことを言い切ったことに、なんだか感激したことがあった。「日本の女性は美しい」というCMもできた。しかし、結局は雑誌でも「きれい」は「きれいめ」と控えめにしてあったり、「キレ可愛《かわ》」と半分みたいにされたり、さらに「キレ☆カワ系」「大人可愛いを目指そう」なんて書いてある。「大人。butカワイイ」も出た。やはりカワイイの価値は、その守備範囲の広さが気になるものの、そうとう高いようだ。

中国や韓国でも、この三つに対応する語は一応存在しており、同様に半分は遊びのようにしつつ確かめてみると、人気は、「美しい」「きれい」「かわいい」の順となっているようだ。韓国では「きれい」も強い。韓国では、日本のような女性アイドルが育たないといわれていたそうだ。苛烈で表現力が試される芸能界に生きるのに、資質も気性も韓国の人々が適しているように思えることがなくもない。

「少女時代」（ソニョシデ）というグループが人気のようだ。略して「ソシ（少時）」、英語名は、Girls' Generation。日本語や中国語での、「青春時代」のような少女の頃という、回想の対象としての意味とは異なり、韓国では通常この表現はない。韓国で、かつての曲名から付けられたともいうが、実際には関連はないそうだ。「少女」と「時代」という二語のつながりが臨時的であり、「IT時代」のように、少女たちの時代が来た、という意味にしか取れないとのことだ（むろん人それぞれで、逆に感じる人もいないことはない。「少女時代」という語には、中国でも同様にその二つの意味を認識する人もいる）。なるほど、舞台上やPV（プロモーション・ビデオ）で歌う彼女たちを見ても、かわいさとは違うところに狙いがあるようにうつる。

むろん、先に述べたとおりこの三つの語の分かれ目は、日中韓越では必ずしも互いに一致しておらず、それぞれの語のニュアンスも異なるが、ともあれベトナム人と日本人とで同じような価値の志向性が結果として得られたことは示唆的だった。

日本では、美しいと言われれば喜ばないと述べる人が多い、との話には中国、韓国などの人たちも驚いていた。日本に関心を抱いて留学まで志す人たちであっても、そうなのである。「うつくし（い）」はもとは、いとしい、かわいいという意味で、「可愛」と当てられることもあったが、過去の話となった。意味が転じる中で「妖淫」という表記も現れていた。日本では、女性の名前には、ついに「子」よりも「美」という字が逆転して多用されるようになったが、自分の名について「美」を負い目のように感じたり、その字を説明するのが嫌だ、と語る人が実は稀ではない。名付け親も、子供の将来の気持ちを考え、「美」を避けて同音の「未」などにしておいた、といった話をよく聞く。むろん、「羊が大きい」という中国での字源や原義や、じっと見つめているとゲジゲジに見えてくるといった話とは別にである。中国や韓国では、逆に「美」だけでなく「妍」（これはかの少女時代には二人も含まれる）「婷」「娥」「靚」（これは広東語の影響で $jing^4$ から $liang^4$ へと字音が変わってきた）など女性が美しいことを意味する字が人名に堂々と使われているのを見ても、社会的な状況や表現方法以前に、個々人の発想法、さらに内在する意識にも差があるように思えてならない。これは文化の差ともいえ、むろん良い悪いということは何もない。

なお、ベトナム語で「かわいい」ことを表す thương yêu に入っている、愛する意の「yêu」は「妖」とも書くようで、なぜ愛することにその字を書くのか、ハノイの教室で聞いてみた。チュノムではなく、漢字だと言うが、多義字かな、と首をひねる。同音異義の別語かもしれない。チュノムでは、前に触れたようにこれを「忄（りっしんべん）」などで書いたものもあり、語源が気になる。概して、漢越語か固有語かという区別は個々人では付かないものが多いとのことで、活字で得る知識は常に有用だとは限らなかった。よく使う漢越語を固有語にすると、意味が分からなくなることもあるそうだ。「妖」を含む「妖精」という漢越語（136ページ参照）は、日本とはやはりイメージがまるで違って、とても憧れの対象とはならないようであった。

●ベトナムで漢字は復活する？

ベトナム語のクオックグウ（国語）という名を与えられたローマ字は、世界の中でも字の種類が多い。母音の「a」にも、音韻の差を示すために「ˆ」が被さったり、「˘」が乗ったりすることが多い。そこにさらに六つの声調（アクセント）を表すために「~」「・」など五種類の記号が上下に付される。

「ẫ」など、不便で識別もたいへんなのでは、と外国人として思うことがある。二十五年ほど前の授業のプリントは、英文タイプ打ちのローマ字に、そうした記号が手書きで添えてあった。「・」などと解されるものが印刷時のただの汚れであることもあった（思えば、かのＪＩＳ第2水準に潜む幽霊文字「岦」などの原点のようだ）。

ネイティブの方々の手書きは、記号の形がいっそう不明確に見え、特定しにくいときがある。しかし、そうした老婆心とは裏腹に、学生たちには別に何の苦もない様子で、とくに文脈の中ではスムーズに読解されている。文字はやはり習慣が大きいのである。現地の方もむろん書き間違えや打ち間違えなどは起こしていたが、とくに不慣れな外国人にとって、このローマ字体系には違和感が消えにくい。記号をとって発音すれば近似の音が得られるが、ベトナムの人からすれば、異なるいくつもの音素をいっしょくたにされることになる。

ベトナムでは、一音節の単語は、ローマ字にすると、長いものは「nghiêng」（傾く）のように七字にまでなる。もっと長いものもあったかもしれない。ちなみに漢字やチュノムで書けば「迎」と一字になる。また、「迎」と記号を付して漢字と区別したものや、「⿰傾迎」のようにやけに横に伸びそうなものなどもあった。「trưởng」は漢字では「長」というように、六字に、さらに記号が三つも付くような表記まである。

さて、二日間、六時間にわたった講義も、いよいよ終わりに近づいてきた。ここで忘れては、帰国してから後悔の種となるので、満を持して学生諸氏に尋ねてみた。

皆さんは、ベトナムで漢字を復活させたいですか？

意外にも、皆、このクオックグウのままでよいと静かに語る。まだ決して富裕とまではいえない社会において大学に入る機会を得て、しかも漢字を学ぶ若者たちの意見として、重く響いた。最初に聞いた、「漢字が好きだ」と声をそろえての熱烈な喝采と矛盾するようだ。しかし、学生たちは漢字は学ぶ上では確かに好きだけど、日々の暮らしの中にまで面倒なものを持ち込みたくない、という意識を抱いているのだろう。やはり、ローマ字の方が漢字よりも簡単であり、一度すべてを表音文字でやりくりできるようになると、それが習慣化し、ニュアンスなどの表記の遣い分けも忘れ、過去に戻ることは困難となるようだ。日本人も、個々人において、幼稚園でひらがな、カタカナを学習し、表音文字だけの世界を経験している。それから、小学校で一年生の途中から正式に漢字も、というケースが多いのであるが、それは発達段階を追ってのことなので、状況は明らかに違う。

二、三年前に、ベトナムの国会で、漢字を復活させるかどうか議論がなされたという。ただ、何で漢字をといったことになり、漢字復活が推進されることはなかったとのことだ。ハノイの大学教授たちからも、漢字教育を始めるべきだとの提言が文部科学省に当たる機関になされたそうで、そのことと関連するのかもしれないが、それは、歴史との断絶を生み出してはいけないということと、中華圏との関わりが意識されてのことだという。ただ、ベトナム語表記のために漢字を復活させるとなれば、チュノムもその動きに追随させる必要性が出てくる可能性もあり、そうすれば変化した現代の語彙に対応させるために種々の困難も伴うはずである。何よりも今の子供たちにとって、大変な負担となりかねないのだろう。

間もなく中学に入る男児に、「ベトナム人は漢字よりもローマ字がいいんだって」と話してみたら、「そりゃそうだ。漢字は、漢字テストがなきゃ、好きだけど」と答える。そうか。思えば、ベトナム人の書いた漢字であっても、筆で書かれた「壽」の伝統的な異体字も「ことぶき」とこの子が読めたのは、「実況パワフルプロ野球」というゲームに、「三本書いて……」という形の「寿」という字がキャラクターの名として出てきたためだと言う。そして幼稚園を卒園したばかりの男児だって、ベトナム航空の機内で、雑誌に載っていたベトナム人がしためた「大」の崩し字を見て、「おー（お）、ダイ」と音訓ともに読めた。テレビのレンジャーもので覚えていたからだ。漢字を身につけさせるための試験が必要以上に過度に細部にこだわった採点などによって逆に子供から漢字を心理的にも遠ざけているのだとしたら、それは本末転倒なことと言わざるをえない。少しずつでも改めていく道を探す必要があるのだろう。

ベトナムの筆跡

漢字圏では、漢字の筆跡で、ある程度、出身地をうかがうことができる。筆致がそれとなくお国や風土を示してくれるのである。字体の干渉は、国内でもわずかに見られるほどだが、もっと様式的、デザイン的なレベルの差である。

中国の人たちは、鋭い線で毛筆の雰囲気を残したような字形を書くことが多い。それが上手な字なのだそうで、概して力強く筆圧が高そうだ。印刷物の明朝体（宋体）もどの本でも一様であり、どことなくシャープ、重心が腰高のようだ。ただし、台湾の人たちは、同じ中国語の漢字であるのに丸みのある柔らかな線の字を書く人が多い。大陸の人たちから見てもかわいく感じられるそうだ。こうした差は、意図的に生み出されているわけではないそうだが、教育の効果だけでも説明がつかない。

日本人に見られる、いっそう丸みを帯びた手書きの線は、中国の人もかわいいと評することがある。古くは和様に遡り、ナール体はもちろん明朝などの近年のフォントの柔らかみと通底していることがうかがえる。とくに新しく開発されたフォントではしばしば懐の広さが喧伝される。勘亭流の書体を中国大陸からの女子留学生に見せたら、「まっすぐに、正々堂々と書いてほしい」と言われたことがある。こういう字は「好きではない」とのこと。和様の流れに生まれ、公用された御家流を、さらに客で埋まるようになどと言って庶民の一人が黒々と様式化したもので、今では日本人に江戸情緒を一気に呼び起こす力をもっていることとは無縁の感覚だ。それらしさを大切にして様式美を求めることは、日本人らしいところと言えようか。

韓国の人たちも、手書きのハングル風で、それでいてカクカクとした字形の漢字をよく書いてくる。「□」を「○」と書けば、ハングルでは示差特徴を崩し、弁別を不可能とすることになるので、それが一因となっているにちがいない。書道史を振り返ると、半島では肉太のいかつめの書風が好まれた節がある。そうした好みは、以前にも書いたように、もしかしたら書き手の容姿や体質、行動、価値観などを含めたいわゆる国民性などとつながっているのかもしれない。

ひな人形も、人件費の安かった韓国や中国で生産したところ、顔立ちがどこかしら違ってしまったという報道がかなり前にあった。世上には、先に述べたように国別などで割り出されたという「平均顔」なる画像が見られるが、なるほど、そうした表面に現れるものは、大元から何らかの差があり、そこにさらに情感にともなう表情、髪型や化粧法、ときには整形の有無や指向性などの差が重なってきて、民族の個性のようなものを生み出してくるのかもしれない。各地で街中を飾る看板のフォントにも、そうした違いが反映されているように思えてならないことがある。

ベトナムで見かけた漢字には、どこか書き慣れていないような、ときに震えるような線と、バランスが微妙な構成で記されているものが多い。ほとんど楷書しか見当たらないのも特徴だ。ベトナムの人が「ビスケットの欠片のような漢字」を書いた、と以前、本で読んだが、今でもそう感じることがしばしばあった。201ページの画像のなかの筆文字も、点画の筆さばきはきちんとしているようだが、その結構にどこか漢字圏離れした雰囲気が感じられる。タイの人などの筆跡には、より明確に母国の異系統の文字の干渉がうかがえて趣を異にするのだが、東洋趣味の西洋人たちがやはり漢字を転記した記録などに通じる書風が感じられる。

辞書に印刷された手書き文字にもそれは感じられ、金釘流というと、「達筆」が減った昨今の日本の人々もあまり引けをとらないようだが、ベトナム人による味のある位相的な癖字といえなくもない。筆字には、肉太でどっしりしたものがあるが、やはり他国の書風とは印象が違って見えることがあった。ベトナムにも、中国の影響を受けつつも独自の書道史が形成されていた。朝鮮半島や日本列島でもそれぞれ歴代好まれた書体があり、それらが何かしら現代の各々の地で生きているように感じられる。現代のベトナムで筆記される字形も、それに連なっているようだ。やはり国民性にかかわる好まれる書風というものもあり、それが影響することがあると考えられまいか。

そのような筆致で書かれてきたベトナムの漢越語には、漢詩文に出てくるような古い漢語が残っている。律令の用語である「戸律」をベトナム式に修飾語を後ろに置き換えた「律戸」という語が民法を指す、というのはさすがに古めかしくなってきたようだが、漢籍に見られる「客桟《カッキサン》」はホテルのことを意味し、会話にしょっちゅう出てきていた。

「暫別《タムビエット》」

これは、「さようなら」のことで、何だかすてきな表現だ。日本語でも暫しの別れ、という。また高知では「すぐに」ということを今でも漢語で「暫時《ざんじ》」というそうだ。その地では「漸《ゼン》」との混合も起きにくい可能性がある。「暫別」は、中国の「再見《ザイチエン》」と発想が共通する。韓国語で別れのことばとしても使われる「安寧《アンニョン》」は、ベトナム語では安全などの意として通じる。中国の人たちから見ても、この「暫別」という漢字の表現は実にかっこよく見えるのだそうだ。

ベトナムで見聞きした状況と生の声には、海外での漢字の現在の一端を知るだけでなく、今後の展開まで種々に予感させられた。ベトナムの漢字とそれにまつわる諸文化を若いベトナムの皆の手で解明してくれるようお願いし、いつの日か日越の漢字に関わる文化の交流の歴史から明らかとなった両者の比較を通じて、互いの共通点と相違点をふまえ、真の理解につなげることを期して、頂いた花束を手に、教室を後にした。

後書き

漢字や仮名など種々の文字による日本語の表記には、伝達性、効率性など種々の面で、プラスの面とマイナスの面とが複雑に入り組んでいるように思われてならない。現実としては、意味の伝達だけが重要とされているのではない。伝達に際しては潤滑や摩擦が加わるものであり、それが語感に加えて字感や表記感さえももたらしていると考えられる。

そうしたことがらを調査研究していくためには、実際の素材が必要である。それらを対象化することで、初めて個々の文字のもつ位置や意義が浮かび上がってくる。一人でできることは意外とあろう。私もなしうる限りのことをしておきたいと考えている。ただ、一人でできることには限界がある。他の人たちにも、文字を見つめ、考えていってほしいと常々願っている。そして、さまざまな情報を交換し、実質的な議論を重ねる中で、より確かな意見を皆で作り出し、共有していくことが、日本の文字をより人間にとって有用で、効果的なものへと変えていく一歩ではないか、と思っている。

言語の要素の中でも、語彙や文字・記号による表記は、諸文化ととくに密接に関わり、個別の要素に特色が豊富にあるため、詳細な理解のためにはそこを一つ一つ把握することが必要となる。時に全体との関係をつかめずに、個々の実際に振り回されそうになるが、体系や法則を先に設けてとらえようとすると、こぼれ落ちていくおびただしい例外の処理に追われることになりかねない。

この二年半に及ぶ連載の途中には、さまざまな出来事があった。自然の猛威に対する人間の存在について思い知らされる大震災にも見舞われた。崩れ落ちた書物の中で、残されたからには、生を託されたものとして、できることに努めていかなければと思う。国内はもとより、世界中の人々に直接作用する言語・文字政策の面では、この間に、常用漢字表の改定があった。随所に種々の問題が生じていた。筆者もはからずも一人の委員としてかかわる中で、それらに直面するところとなった。たとえば、食品の「めん」は「麵」と「麺」とが流通していたが、いずれの字体を採用するかで大きな議論があった。この字種の採用は、グルメブームなど起こるはずも続くはずもなかった戦後間もない昭和二十一年では、考えがたいことであろう。同じように字体が問題となった「餠」も「瘦」も、同様の点を有するかもしれない。結果として様々な字体が常用漢字表に追加された。こうした一つ一つのできごとについては、連載のさなか思い悩むこともあり、本書の記述にも反映しているところがある。こうした文字は、本書でも直接ではなくとも述べたとおり、多くの人々の生活に根ざし、理解されやすいものが選ばれ、追認されることが人々にとって妥当だと考えられようが、歴史が結論を下すのはまだこの先のことである。

その時々で、最も知りたいことが移ろう。語りたいことも同様である。心の欲するままに、といきたいが、なかなかそうはいかない。解けない謎からの逃避もしたくはない。答えにたどり着くための日々を、あえて寄り道や迷い道までも描いたものが本書には多く、読み返すと恥ずかしくもある。広く浅く、いろいろと手を伸ばしているように見えるかもしれないが、新しい物に飛びついては粗雑になるということだけは常に避けなければと思っている。現象の背景にあるものによって一見無関係な物事同士を結びつけてみたいと願ってのことである。しかし、互いにつなげられていない点も、なおもたくさんある。山の裾野を開拓したいがために、そこに開いているたくさんの穴を埋める過程にあるようにも思えてくる。

文字とは、漢字とは、中国語とは、日本語とは。分かっていたようで、今回やっと気付いたと思えることがいくつもあった。表音文字によって、分かりやすいことばが追究されていく道を選んだ韓国やベトナムの実際の姿など、どこにも一つは新しい内容を盛り込みたい。そして、日本社会とは、日本人とは、日本とは何かまで、追いかけていく必要がある。それらの現在を積み重ねることで歴史を作っていく当事者として、人々が観察と考察を続け、そして使用と創造の実践を積み重ねていくことで、それはさらに解き明かされていくことになるのであろう。

なお、連載では、日本各地に見られる地域独特な文字についても扱ったが、それらは、別にまとめて刊行する予定があるので、本書には多く割愛した。いずれ世に問う機会があるので、またご高覧とご教示を賜れれば幸いである。

三省堂のホームページでの連載のきっかけを作って与えて下さった上に、わがままな筆者を許し、さらに励ましつつ、編集にも携わってくださった荻野真友子さん、その一部始終をずっと見守ってくださった山本康一さん、そしてその連載に対して、温かい感想や実り多い情報をお寄せ下った皆様に、心より感謝申し上げたい。

二〇一一年七月　晃谷に於いて

笹原宏之　識

◉事項索引

同様の事項が連続するページに掲載されている場合、紙幅の都合上、内容の連続性にかかわらずハイフンで省略表示した。

◉主要項目索引

ここには主なものを、漢字は画数順、語句は五十音順に掲載した。かかわる内容が連続するページにある場合、ハイフンで省略表示をした。

●─ 主要漢字索引

●─ 主要語句索引

笹原宏之（ささはら ひろゆき）

早稲田大学社会科学総合学術院教授。博士（文学）。
日本のことばと文字について、様々な方面から調査・考察を行う。文化女子大学専任講師、国立国語研究所主任研究官などを経て現職。経済産業省の「JIS漢字」、法務省の「人名用漢字」、文部科学省の「常用漢字」などの制定・改定に携わる。2007年度金田一京助博士記念賞を受賞。
著書に『日本の漢字』（岩波新書）、『国字の位相と展開』（三省堂）、『訓読みのはなし――漢字文化圏の中の日本語』（光文社新書）、編著に『当て字・当て読み 漢字表現辞典』（三省堂）などがある。

装丁・本文デザイン――下野ツヨシ（ツヨシ＊グラフィックス）

漢字の現在
リアルな文字生活と日本語

2011年9月10日　第1刷発行

著者　笹原宏之
発行者　株式会社 三省堂　代表者 北口克彦
印刷者　三省堂印刷株式会社
発行所　株式会社 三省堂
〒101-8371　東京都千代田区三崎町二丁目22番14号
電話　（編集）03-3230-9411
（営業）03-3230-9412
http://www.sanseido.co.jp/
振替口座　00160-5-54300

乱丁本・落丁本はお取り替えいたします。

ISBN 978-4-385-36524-4
〈漢字の現在・224pp.〉

Word-Wise Bookとは

三省堂の辞書総合ウェブサイトSanseido Word-Wise Web（三省堂ワードワイズ・ウェブ）は、三省堂の国語辞書・英語辞書・諸外国語辞書に関連する最新情報をタイムリーにお届けするほかに、ことばと辞書周辺のちょっと役に立つ情報を掲載しています。そうした連載から生まれた本がWord-Wise Bookです。
